# Na cozinha com CAROLINA 3

*Carolina Ferraz*

## Na cozinha com
# CAROLINA

DIRETOR-PRESIDENTE:
Jorge Yunes

GERENTE EDITORIAL:
Luiza Del Monaco

EDIÇÃO:
Ricardo Lelis

ASSISTÊNCIA EDITORIAL:
Júlia Tourinho

SUPORTE EDITORIAL:
Juliana Bojczuk

PREPARAÇÃO DE TEXTO:
Mayara Facchini

REVISÃO:
Augusto Iriarte

COORDENAÇÃO DE ARTE:
Juliana Ida

DESIGNER:
Valquíria Palma

ASSISTENTES DE ARTE:
Daniel Mascellani, Vitor Castrillo

GERENTE DE MARKETING:
Carolina Della Nina

ANALISTA DE MARKETING:
Michelle Henriques

ASSISTENTE DE MARKETING:
Heila Lima

PROJETO GRÁFICO DE CAPA E MIOLO:
Natália Tudrey (Balão Editorial)

© 2021, Editora Nacional
© 2021, Carolina Ferraz

Todos os direitos reservados. Nenhuma parte desta obra pode ser reproduzida ou transmitida por qualquer forma ou meio eletrônico, inclusive fotocópia, gravação ou sistema de armazenagem e recuperação de informação sem o prévio e expresso consentimento da editora.

1ª edição – São Paulo

CRÉDITOS DAS IMAGENS:
Nicole Gomes

---

DADOS INTERNACIONAIS DE CATALOGAÇÃO
NA PUBLICAÇÃO (CIP) DE ACORDO COM ISBD

F381n
Ferraz, Carolina
Na cozinha com Carolina 3 / Carolina Ferraz. - São Paulo : Editora Nacional, 2021.
208 p. ; 20,5cm x 26cm.

ISBN 978-65-5881-019-3

1. Gastronomia. 2. Receitas. I. Título.

2021-2093
CDD: 641
CDU: 641

---

Elaborado por Vagner Rodolfo da Silva - CRB-8/9410

Índice para catálogo sistemático:
1. Gastronomia 641
2. Gastronomia 641

**NACIONAL**

Rua Gomes de Carvalho, 1306, 11º andar – Vila Olímpia
São Paulo – SP – 04547-005 – Brasil – Tel.: (11) 2799-7799
www.editoranacional.com.br – atendimento@grupoibep.com.br

# Sumário

Entradas e acompanhamentos     **13**

Carnes, aves e peixes     **33**

Receitas da minha mãe     **69**

Massas e risotos     **109**

Uma panela só     **125**

Doces e bolos     **143**

Drinques     **161**

Receitas básicas     **193**

Dedico este livro às minhas
filhas Valentina e Anna Izabel,
e à minha mãe querida, Giscelda.

# Introdução

Este livro surgiu durante o ano de 2020. No começo da pandemia, eu e minha família nos isolamos em um sítio perto de Bragança Paulista. Lá estávamos todas juntas: eu e minha família cheia de mulheres. Somos em cinco: minha mãe, minha irmã, eu e minhas duas filhas. Gerações, temperamentos, humores e energias bem diferentes, convivendo no mesmo espaço, durante esse período tão difícil para todos.

Foi ali, naquela convivência tão afetiva e emocional, que me dei conta do quão prazeroso, de fato, são os momentos ao redor da mesa. Me lembrei de quantas vezes minha mãe, generosa, passou horas em pé, encostada no fogão, preparando refeições deliciosas para meus amigos. No meio disso tudo, senti uma vontade enorme de homenagear e honrar esses momentos tão íntimos que passamos juntas. Me lembrei de todas as receitas que minha mãe preparou inúmeras vezes ao longo da minha vida e de tantos Natais que passamos juntas, festas nas quais começávamos a preparar a ceia com dois dias de antecedência. Minha mãe sempre cuidou pessoalmente de cada detalhe, sempre preocupada em fazer tudo ficar perfeito e delicioso!

Com este livro, espero trazer um pouco do cuidado da minha mãe e dessa atmosfera afetiva para a sua casa! Espero que gostem e que os pratos aqui apresentados também agradem à sua família.

# Conversão de medidas

1 xícara (chá)
= 180 g

1 xícara (chá)
= 240 ml

1 colher (sopa)
= 15 ml

1 colher (chá)
= 5 ml

1 colher (café)
= 2,5 ml

# Entradas

### e acompanhamentos

Salada de cebola-roxa assada, nozes e queijo de cabra 15

Carpaccio de peixe branco 16

Carpaccio de atum 17

Carpaccio de abobrinha 18

Salada de rúcula, amêndoas, cenoura e queijo roquefort 21

Salada quente grelhada 22

Torta de alho-poró 24

Sanduíches de pepino, milho e ovos 28

Entradas e acompanhamentos

# Salada de cebola-roxa
## assada, nozes e queijo de cabra

Rendimento: 4 a 6 porções

**Ingredientes**

**Salada:**
4 cebolas-roxas médias
1½ colher (sopa) de azeite
½ maço de alface-crespa
½ maço de alface-roxa
½ maço de rúcula
60 g de queijo de cabra macio
pimenta-do-reino a gosto
sal a gosto

**Molho:**
65 g de nozes picadas grosseiramente
1 pimenta-dedo-de-moça picadinha e sem sementes
1 dente de alho amassado
3 colheres (sopa) de vinagre de vinho tinto
2 colheres (sopa) de azeite
pimenta-do-reino a gosto
sal a gosto

**Preparo**

Preaqueça o forno a 220 °C.

Descasque as cebolas, retire as pontas e corte-as em rodelas grossas, com cerca de 2 cm de espessura cada. Coloque-as em uma assadeira. Pincele com azeite, salpique sal e pimenta-do-reino e asse por cerca de 40 minutos, até que as cebolas estejam douradas e caramelizadas (mas fique de olho, pois já fiz essa receita na casa de amigos e levou até 1 hora para que a cebola estivesse pronta).

Enquanto a cebola assa, coloque todos os ingredientes do molho em uma tigela pequena, adicione o sal, misture bem e reserve.

Lave as folhas, rasgue-as e seque-as.

Para servir, use uma travessa grande. Coloque as folhas por baixo para formar uma cama verde. Acrescente as cebolas mornas por cima das folhas, sem deixar que se desmanchem. Despedace grosseiramente o queijo de cabra por cima e finalize regando com o molho.

Sirva imediatamente.

# Carpaccio
## de peixe branco

Esse trio de carpaccios é um sucesso aqui em casa, todos nós adoramos! São práticos, fáceis de fazer e muito saborosos. Tenho certeza de que vão gostar!

Rendimento: 4 a 6 porções

### Ingredientes

1 posta de robalo ou namorado (300 g) bem gelada
suco de 1 tangerina
1 colher (sopa) de azeite
*pinoli* a gosto
*dill* a gosto
pimenta-do-reino a gosto
sal a gosto

### Preparo

Em uma frigideira, doure os *pinoli* rapidamente, sem deixar queimar, e reserve.

Com o peixe ainda degelando (pois em baixa temperatura é mais fácil fatiá-lo), corte-o em fatias finas e reserve.

Em um pote ou garrafa de vidro com tampa, junte o suco de tangerina e o azeite e tempere com sal e pimenta-do-reino a gosto. Tampe e chacoalhe até misturar bem.

Distribua as fatias do peixe em um prato, regue com o molho de tangerina e salpique os *pinoli* e o *dill*. Sirva imediatamente.

Entradas e acompanhamentos

# Carpaccio
## de atum

Rendimento: 4 a 6 porções

### Ingredientes

1 posta de atum (300 g) bem gelada
suco de 1 tangerina (se preferir, use 1 laranja)
1 colher (sopa) de azeite
*pinoli* a gosto
*dill* a gosto
pimenta-do-reino a gosto
sal a gosto

### Preparo

Em uma frigideira, doure os *pinoli* rapidamente, sem deixar queimar, e reserve.

Com o peixe ainda degelando (pois em baixa temperatura é mais fácil fatiá-lo), corte-o em fatias finas e reserve.

Em um pote ou garrafa de vidro com tampa, junte o suco de tangerina e o azeite e tempere com sal e pimenta-do-reino a gosto. Tampe e chacoalhe até misturar bem.

Distribua as fatias do peixe em um prato, regue com o molho de tangerina (ou laranja) e salpique os *pinoli* e o *dill*. Sirva imediatamente.

# Carpaccio
## de abobrinha

Rendimento: 4 a 6 porções

**Ingredientes**

1 abobrinha-italiana
1 colher (sopa) de aceto balsâmico branco
queijo parmesão ralado a gosto
2 colheres (sopa) de azeite
*pinoli* a gosto
pimenta-do-reino a gosto
sal a gosto

**Preparo**

Em uma frigideira, doure os *pinoli* rapidamente, sem deixar queimar, e reserve.

Corte a abobrinha em fatias bem fininhas, se possível utilizando uma mandolina. Reserve.

Em um pote ou garrafa de vidro com tampa, coloque o azeite, o aceto balsâmico branco e o queijo parmesão e tempere com sal e pimenta-do-reino. Tampe e agite bem para misturar.

Distribua a abobrinha em um prato, acrescente por cima o molho e finalize salpicando *pinoli* e mais parmesão ralado, se quiser.

Entradas e acompanhamentos

# Salada de rúcula,
## amêndoas, cenoura e queijo roquefort

Rendimento: 4 a 6 porções

### Ingredientes

**Salada:**
2 a 3 maços de rúcula baby
3 cenouras grandes
100 g de queijo roquefort
amêndoas cruas ou torradas inteiras, a gosto

**Molho:**
½ limão
1 colher (café) de mostarda *dijon*
100 g de queijo roquefort
150 ml de azeite de oliva extravirgem
pimenta-do-reino a gosto
sal a gosto

### Preparo

**Salada:**
Corte as cenouras em tiras finas, como fitas de fettuccine. Eu costumo cortar as tiras com um descascador de legumes, ele é perfeito para isso; elas saem uniformes e bem fininhas.

Lave as folhas de rúcula baby com cuidado para que não se quebrem e seque-as. Então, em uma tigela, misture as folhas e as tiras de cenoura.

Esfarele grosseiramente o queijo roquefort, misture com as amêndoas e salpique a mistura por cima da salada.

**Molho:**
Coloque todos os ingredientes em um pote de vidro com tampa, tampe e chacoalhe bem para misturar. O roquefort vai derreter, e o azeite vai se incorporar, adquirindo uma cor amarelo-esverdeada viva. Jogue o molho por cima da salada, misture bem e sirva imediatamente.

# Salada quente grelhada

Essa é com certeza uma das saladas mais fáceis que você fará em sua vida, não tenha medo.
Eu particularmente gosto muito quando os legumes ficam tostadinhos.
Faça do seu jeito e divirta-se! É uma salada perfeita para encontros em um dia de calor com um churrasquinho na brasa.
Se você quiser dar uma sofisticada, pode fazer um patê com 300 ml de coalhada fresca, suco de ½ limão, algumas folhinhas de hortelã, sal e pimenta-do-reino a gosto. A doçura dos legumes grelhados fica muito interessante com a acidez da coalhada. Espero que gostem!

Rendimento: 4 a 6 porções

## Ingredientes

4 palmitos inteiros
2 tomates
6 cenouras orgânicas (daquelas bem finas e coloridas)
2 abobrinhas-italianas
2 berinjelas-rajadas
1 maço de aspargos inteiros ou de outros legumes de sua preferência
pimenta-do-reino a gosto
sal a gosto
ramos de manjericão a gosto, para decorar
raspas de limão-siciliano a gosto, para decorar

## Preparo

Corte os tomates, as abobrinhas e as berinjelas em rodelas grossas, de mais ou menos um dedo de espessura. Corte os palmitos em pedaços grandes e mantenha as cenouras e os aspargos inteiros.

Coloque todos os legumes na grelha, pincele levemente com azeite extravirgem e tempere com sal e pimenta-do-reino a gosto.

Como cada legume tem o seu tempo de cozimento, fique atento até que todos estejam no ponto de sua preferência. Sirva os legumes juntos em uma travessa e salpique manjericão e raspas de limão-siciliano, para decorar.

Sirva quente e bom proveito!

# Torta de alho-poró

Esta receita é um hit na minha casa, fazemos essa torta por aqui há mais de 20 anos. Ela foi descoberta em uma viagem que fiz para Recife. Perdida no aeroporto entre um voo e outro, descobri um livro na estante e foi a minha salvação, pois meu voo estava atrasado mais de duas horas. Esta é uma receita da crítica de culinária norte-americana Patricia Wells, uma profunda admiradora da culinária francesa, principalmente da culinária francesa de campo, e essa torta tem bem essa pegada: é rústica e sofisticada ao mesmo tempo. *Bon appétit!*

Rendimento: 4 a 6 porções

## Ingredientes

- 1 receita de *pâte brisée* (veja receita na p. 202)
- 12 alhos-porós pequenos (cerca de 1,5 kg)
- 4 colheres (sopa) de manteiga sem sal
- 2 ovos grandes
- ¼ de xícara (chá) de creme de leite fresco
- 4 a 6 fatias (100-120 g) de presunto cozido cortado grosseiramente
- 1 xícara (chá) de queijo gruyère ralado na hora
- pimenta-do-reino moída a gosto
- sal a gosto

## Preparo

**Massa:**

Prepare a *pâte brisée*. Abra-a em uma superfície plana em um tamanho suficiente para preencher uma assadeira de 27 cm de diâmetro. Com cuidado, transfira a massa para a forma. Leve para a geladeira por 30 minutos ou até que esteja firme.

Preaqueça o forno a 220 °C.

**Recheio:**

Corte a raiz dos alhos-porós e use apenas as partes claras do legume, descartando todas as partes mais escuras. Corte os alhos-porós em rodelas finas, lave e reserve.

Numa panela média, em fogo baixo, derreta a manteiga. Junte o alho-poró, o sal e a pimenta-do-reino, tampe a panela e deixe cozinhar até que as verduras estejam macias, mas não douradas (cerca de 20 minutos).

**Preparo (cont.)**

Se os alhos-porós soltarem muito líquido, escorra em uma peneira.

Numa tigela média, misture bem os ovos e o creme de leite fresco. Junte os alhos-porós e misture novamente. Separe ¼ do presunto e do queijo para espalhar sobre a torta. Acrescente o restante à mistura de ovos, creme de leite e alho-poró.

Espalhe a mistura de alho-poró na parte interna da torta, salpique o presunto reservado e, depois, o queijo. Tempere generosamente com pimenta-do-reino moída.

Leve a torta para assar até que fique bem dourada, de 40 a 45 minutos (mas esteja sempre alerta, pois cada forno funciona de uma maneira e pode ser que esse tempo seja um pouco maior). Sirva morna ou em temperatura ambiente.

# Sanduíches de pepino,
## milho e ovos

Esse trio de sanduíches é uma delícia e agrada a todos, é perfeito para receber amigos em um chá da tarde ou em um piquenique.

Rendimento: 4 a 6 porções

**Ingredientes**

1 pacote de pão de miga para os três sanduíches

**Recheio de pepino:**
1 xícara (chá) de maionese
2 unidades de pepino-japonês ralados (após ralar, deixe escorrer por, no mínimo, 30 minutos)
½ colher (chá) de hortelã picada
1 colher (sopa) de suco de limão
pimenta-do-reino a gosto
sal a gosto

**Ingredientes**

**Recheio de milho:**
1 lata de milho verde
1 lata de creme de leite
cheiro-verde a gosto
queijo parmesão ralado a gosto
pimenta-do-reino a gosto
sal a gosto

**Recheio de ovos:**
2 ovos grandes e cozidos
½ cebola picadinha
1 colher (sopa) de azeite
½ xícara (chá) de maionese
¼ de xícara (chá) de cheiro-verde picadinho
pimenta-do-reino a gosto
sal a gosto

## Entradas e acompanhamentos

## Preparo

**Recheio de pepino:**

Em uma tigela, misture a maionese com o pepino ralado, a hortelã e o suco de limão.

Tempere com a pimenta e o sal.

Recheie metade das fatias de pão com a mistura de pepino e monte os sanduíches.

Se desejar, deixe na geladeira por 1 hora antes de servir.

**Recheio de milho:**

Em uma travessa refratária untada com manteiga, forre o fundo com fatias de pão de miga.

Bata no liquidificador o milho, o creme de leite, o cheiro-verde, o sal e a pimenta.

Cubra a camada de pão de miga com este creme e faça outra camada de pão.

Finalize com mais uma camada do creme de milho, coloque bastante parmesão ralado por cima e leve ao forno para gratinar (cerca de 20 minutos).

Sirva quente.

**Recheio de ovos:**

Em uma tigela, esprema com um garfo os ovos cozidos e descascados, até formar uma pasta. Em seguida, acrescente todos os outros ingredientes e misture bem.

Com uma colher ou espátula, espalhe a pasta de ovos sobre cada fatia de pão e tampe o sanduíche com a outra metade. Sirva frio.

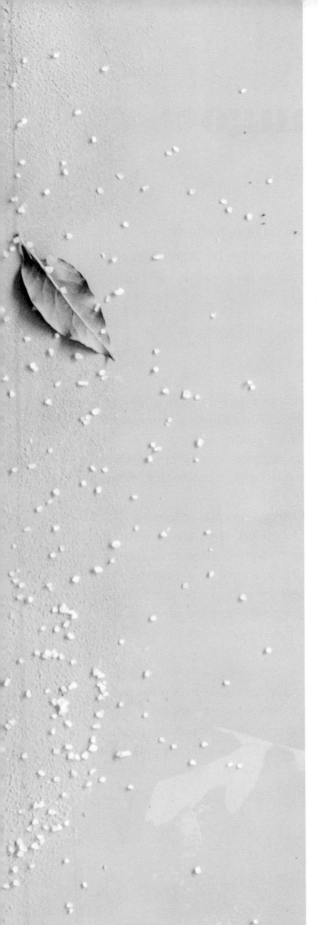

# Carnes,
## aves e peixes

Asinhas de frango na grelha com espigas de milho 34

Filé de frango com ervas na manteiga 37

Frango refogado com *pesto* de espinafre 38

Asas de frango com *lemon pepper* 41

Frango com laranja, alecrim e alho 42

Frango com mostarda 45

Frango à moda do Périgord 46

Pão de cebola, anchova e azeitona preta 49

Bouillabaisse 50

Tomates gratinados recheados com bacalhau 54

Sanduíche quente de salmão defumado 56

Bacalhau assado com batatas ao murro 57

Filé-mignon ao molho de mostarda 59

Cozido de carne com vinho tinto e batatas 60

Estrogonofe (o mais delicioso!) 63

Fraldinha com molho de manteiga e alho 64

Costela de boi ao forno 65

# Asinhas de frango
## na grelha com espigas de milho

Essa é uma daquelas receitas facílimas, que aceitam qualquer alteração. Nunca se esqueça: nas minhas receitas, é você quem escolhe os ingredientes, sempre! Se quiser, pode usar limão ou adicionar alecrim no lugar do orégano. Escolha o que gostar mais e siga em frente!

Rendimento: 4 a 6 porções

### Ingredientes

- 8 asinhas de frango com pele
- suco de limão-taiti a gosto
- 2 colheres (de sopa) de manteiga com sal derretida
- 100 ml de azeite extravirgem
- orégano fresco a gosto
- 4 espigas de milho
- pimenta-do-reino a gosto
- sal a gosto

### Preparo

Misture a manteiga e o azeite em uma tigela. Tempere as asinhas com sal, pimenta e bastante suco de limão.

Coloque as asinhas na grelha e pincele com a mistura de manteiga e azeite. Jogue bastante orégano por cima.

Corte as espigas de milho ao meio. Coloque-as na grelha, tempere com sal e pincele com a mistura de manteiga e azeite.

Vire as asinhas e o milho algumas vezes, sempre pincelando com a mistura de manteiga e azeite e colocando mais orégano.

Sirva as asinhas bem tostadas com as espigas de milho.

**Dica:** se quiser, prepare um creme azedo para acompanhar. A receita é fácil: em uma tigela, misture 1 xícara (chá) de creme de leite, 1 colher (chá) de sal marinho e 20 ml de vinagre. Bata tudo até formar um chantilly e sirva.

Carnes, aves e peixes

# Filé de frango
## com ervas na manteiga

Esse é outro clássico! Nunca sai de moda, é fácil e sofisticado ao mesmo tempo. Espero que façam muitas vezes em suas casas!

Rendimento: 4 a 6 porções

### Ingredientes

**Marinada:**
1 colher (sopa) de azeite extravirgem
1 colher (sopa) de sal
2 folhas de louro
uma pitada de páprica
pimenta-do-reino a gosto

**Frango:**
6 filés de frango
3 colheres (sopa) de manteiga sem sal
suco de 1 limão
tomilho e alecrim frescos picados a gosto
200 ml de vinho branco
pimenta-do-reino a gosto
sal a gosto

### Preparo

**Marinada:**
Em uma tigela grande, cheia de água, acrescente todos os ingredientes da marinada. Por último, coloque os filés de frango e deixe marinar na água temperada por, no mínimo, 30 minutos. Não esqueça de secá-los no papel-toalha antes de levá-los à frigideira.

**Frango:**
Derreta a manteiga em uma frigideira bem quente. Acrescente as ervas e deixe dourar por 1 ou 2 minutos. Coloque os pedaços de frango e o suco de limão. Deixe dourar dos dois lados, por cerca de 10 a 15 minutos no total. Acrescente o vinho e abafe por aproximadamente 30 segundos e, então, destampe e deixe o caldo encorpar e o vinho evaporar. Prove para saber se é necessário corrigir algo. Pronto!

**Dica:** marinar a carne do frango antes de prepará-la é sempre bom porque a deixa mais macia.

# Frango refogado
## com *pesto* de espinafre

Esse frango é uma receita clássica na minha casa. Volta e meia, quando quero fazer um frango diferente, faço essa receita e não tem erro! Sirvo sempre acompanhado de um arroz branco fresquinho e uma farofa de pão bem temperadinha. Fica uma delícia!

Rendimento: 4 a 6 porções

### Ingredientes

**Pesto:**
1 maço de espinafre
1 dente de alho pequeno
50 g de queijo parmesão (pode colocar mais se preferir)
20 g de *pinoli* ou castanha-do-pará
100 ml de azeite (se precisar, acrescente mais)

**Frango:**
1 kg de coxa e sobrecoxa, separadas
1 dente de alho amassado
Suco de ½ limão
1 ramo de tomilho
água suficiente para cozinhar o frango
sal a gosto

### Preparo

**Pesto:**
Em um processador, bata o espinafre com o azeite, o parmesão, o alho e os *pinoli* para fazer o *pesto*. Reserve.

**Frango:**
Derrame um fio de azeite em uma caçarola e coloque o frango com a pele para baixo e deixe até soltar bastante gordura.
Coloque o dente de alho amassado, o tomilho e refogue até dourar.
Vá pingando água na panela para que o frango refogue sem ressecar.
Adicione um pouco de sal, suco de limão e misture.
Continue regando com água e tampe a panela.
Repita esse processo até que o frango esteja completamente cozido. Lembre-se de que o frango foi refogado praticamente só com

**Preparo (cont.)** a gordura da pele e com a água que você foi pingando ao longo do processo.

Separe as peles do frango e descarte. Mantenha as partes do frango na frigideira por mais 10 ou 15 minutos, para que fiquem bem douradinhas.

Pegue metade do *pesto* e misture no frango, ainda na panela, e refogue por mais 2 ou 3 minutos.

Em uma travessa, coloque o restante do *pesto* formando uma cama, então acrescente o frango refogado por cima. Sirva imediatamente.

**Dica:** você também pode servir este frango com o *pesto* à parte em uma molheira. É simples: faça todo o processo, deixe o frango bem corado e sirva-o em uma travessa, deixando o *pesto* como acompanhamento. Assim, cada um se serve como preferir.

Carnes, aves e peixes

# Asas de frango
## com *lemon pepper*

Adoro fazer essa receita, ela é tão despretensiosa que as pessoas não imaginam quão deliciosa fica. Aliás, para mim, quanto mais simples, melhor!

Rendimento: 4 a 6 porções

### Ingredientes

- 1 colher (sopa) de grãos de pimenta-do-reino
- 2 limões-sicilianos
- 1 colher (chá) de páprica picante
- 1 colher (chá) de sal *kosher*
- 1 colher (sopa) de azeite extravirgem
- 1 kg a 1,3 kg de asas de frango

### Preparo

Preaqueça o forno a 220 °C, com a grade na altura média.

Coloque os grãos de pimenta-do-reino em uma tábua de corte. Usando o fundo de uma frigideira pequena, pressione firmemente os grãos até quebrá-los – certifique-se de que todos estejam bem amassados para que você não corra o risco de quebrar o dente. Coloque em uma tigela grande.

Em outra tigela, coloque a páprica, o azeite e o sal. Raspe a casca dos limões e também adicione à mistura.

Seque o frango com papel-toalha. Adicione-o à tigela e esfregue a mistura de especiarias até cobrir toda a sua superfície.

Transfira o frango para uma assadeira baixa e disponha-o em uma camada única. Corte ao meio os limões raspados e junte ao frango, com o lado cortado para baixo.

Asse até que o frango esteja cozido e não mais rosado por dentro (você pode cortar um pedaço para se certificar) e até que a pele esteja dourada e crocante, por cerca de 30 a 40 minutos. Esprema o limão assado no frango e sirva imediatamente.

# Frango com laranja,
## alecrim e alho

Esse frango é uma daquelas receitas fáceis de fazer e sofisticadas, que impressionam qualquer convidado. A combinação do molho de laranja com o alho e o alecrim é inesperada e saborosa. Fácil, rápida e prática, do jeito que eu gosto!

Rendimento: 4 a 6 porções

### Ingredientes

- 4 peitos de frango (de 170 g a 220 g cada), sem pele e sem osso
- ½ colher (chá) de sal (ou a gosto)
- ¼ de colher (chá) de pimenta-do-reino moída na hora
- ½ xícara (chá) de farinha de arroz integral ou de trigo
- 1 colher (chá) de páprica picante
- 3 colheres (sopa) de azeite extravirgem (ou mais se necessário)
- 4 dentes de alho descascados e amassados
- 2 colheres (sopa) de alecrim fresco
- ½ xícara (chá) de suco de laranja natural
- ½ xícara (chá) de caldo básico de frango (veja receita na p. 195)

### Preparo

Seque o frango com o papel toalha. Tempere os dois lados com sal e pimenta. Em um prato grande, misture a farinha e a páprica. Passe o frango na farinha temperada, sacudindo o excesso, e coloque em um prato limpo.

Em uma frigideira grande, aqueça o azeite em fogo médio. Com uma pinça, coloque o frango e cozinhe por 5 a 7 minutos, até que a parte de baixo esteja bem dourada. Vire o frango e cozinhe por mais 5 a 7 minutos, até que esteja dourado na superfície e cozido no meio (certifique-se de que seu filé esteja realmente cozido, pois carne de frango mal passada é perigosa). Transfira para um prato limpo.

Se todo o azeite na frigideira tiver sido absorvido, adicione 1 colher (sopa). Acrescente o alecrim, o alho e mexa por 30 segundos. Despeje o suco de laranja e o caldo de frango. Solte os pedaços de frango que eventualmente tenham ficado grudados no fundo da panela, deixe cozinhar em fervura branda por 3 a 4 minutos, até que o molho comece a engrossar levemente. Prove e ajuste o sal. É provável que você precise colocar mais uma pitada. Derrame o molho sobre o frango ou sirva na própria frigideira.

Carnes, aves e peixes

# Frango com mostarda

Outra receita fácil e prática. Sempre que faço aqui em casa, as pessoas elogiam muito! Espero que na sua casa também seja um sucesso!

Rendimento: 4 porções

### Ingredientes

- alguns ramos de alecrim fresco
- 4 filés de frango (180 g cada) com pele
- 4 colheres (chá) de mostarda em pó
- 1 alho-poró
- 4 dentes de alho
- vinho branco (no mínimo 120 ml)
- 75 ml de creme de leite fresco
- 1 colher (chá) bem cheia de mostarda com sementes

### Preparo

Aqueça uma frigideira grande com um fio de azeite em fogo médio.

Pique bem as folhas de alecrim e espalhe sobre o frango em uma tigela. Polvilhe 1 colher (chá) de mostarda em pó em cada filé, tempere com sal e pimenta. Esfregue bem os temperos em cada filé. Coloque-os na frigideira com a pele virada para baixo. Com uma espátula ou colher, aperte o frango na frigideira para ajudar no cozimento.

Limpe rapidamente o alho-poró e corte-o em rodelas finas para facilitar a lavagem. Lave bem, escorra e acomode em um dos lados da frigideira com o frango.

Esmague os 4 dentes de alho com casca e acrescente à frigideira. Vire os filés e pressione de novo. Misture o alho-poró com o frango e regue com um pouco de vinho branco.

Quando o frango estiver bem cozido, despeje o creme de leite na frigideira e mexa para os sabores se incorporarem. Cubra com uma folha de papel-alumínio por mais ou menos 10 minutos.

Transfira os filés de frango para uma tábua e corte em fatias desiguais. Adicione ao molho uma colher (chá) de mostarda com sementes. Com uma colher, passe o molho para uma travessa e arrume por cima as fatias de frango. Regue com um fio de azeite extravirgem e leve à mesa.

# Frango à moda
## do Périgord

Já fiz essa receita no meu canal do YouTube e foi um sucesso. As pessoas comentam que ele é fácil, simples e saboroso. Como você pode perceber, carne de frango é essencial na minha casa! Gostamos muito de frango, e esta realmente é uma receita que fala ao coração.

Rendimento: 4 porções

### Ingredientes

- 50 g de manteiga
- 1 frango de 1,2 kg cortado
- 3 cebolas roxas pequenas picadas
- 3 cebolas roxas pequenas inteiras
- ½ colher (chá) de sal
- ½ colher (chá) de pimenta-do-reino
- 125 ml de vinho branco

### Preparo

Refogue o frango na manteiga. Quando dourar, retire da frigideira e reserve.

Coloque as cebolas na frigideira e, quando começarem a dourar, coloque de volta o frango e seu líquido de cozimento. Adicione sal e pimenta. Em fogo brando, mexa de vez em quando para que os pedaços cozinhem uniformemente. Assim que o molho engrossar, adicione o vinho.

Retire as cebolas inteiras antes de servir. Sirva quente.

Carnes, aves e peixes

# Pão de cebola,
## anchova e azeitona preta

Este pão eu fiz semanalmente na minha casa durante vários anos. Um determinado momento ele caiu no esquecimento. Outro dia, folheando minhas receitas antigas, me reencontrei com esta receita e imediatamente meu cérebro foi invadido pela lembrança do perfume inesquecível que este pão tem. Espero que gostem!

Rendimento: 6 a 8 porções

### Ingredientes

- 2 colheres (sopa) de azeite de oliva
- 5 cebolas médias (cerca de 500 g) cortadas em rodelas fininhas
- 2 dentes de alho grandes, em fatias finas
- 1 ramo grande de tomilho fresco
- 2 tomates grandes sem pele, sem sementes, picadinhos
- 250 g de massa de pão básico (veja receita na p. 205)
- 2 filés de anchova em conserva, lavados e bem escorridos
- 12 azeitonas pretas sem caroço, em azeite
- 1 ovo batido, para pincelar

### Preparo

Em uma frigideira grande, em fogo médio para baixo, esqueça o azeite. Junte a cebola, o alho e o tomilho e refogue até que a cebola fique com uma cor dourada clara (cerca de 20 minutos).

Junte o tomate, aumente o fogo para alto, e deixe refogar até que o líquido evapore e a mistura engrosse (cerca de 5 minutos). Retire o ramo de tomilho e descarte.

Em uma superfície ligeiramente enfarinhada, abra a massa do pão em um retângulo de 28 cm x 35,5 cm. Arrume a massa no tabuleiro. Cubra e deixe descansar por 15 minutos.

Preaqueça o forno a 230 °C.

Espalhe o molho de tomate com a cebola, os filés de anchova e as azeitonas em toda a extensão do retângulo de massa. Feche como se fosse um grande pastel. Deixe descansar por 15 minutos.

Com um pincel, espalhe o ovo batido por cima do pão, isso o deixará bem dourado.

Asse o pão até que a crosta fique crocante (15 a 20 minutos, dependendo do forno). Corte e sirva quente, morno ou em temperatura ambiente, de acordo com a sua preferência.

# Bouillabaisse

Já fiz várias receitas de bouillabaisse, esta não é uma receita fácil. Tem um passo a passo complicado e longo, mas, se você fizer tudo direitinho como está explicado na receita, garanto que essa simples sopa de peixe vai conquistar seu paladar. Tem um sabor mais puro, pois não leva frutos do mar, e ao mesmo tempo mais intenso. É muito interessante, você vai gostar.

Rendimento: 4 a 6 porções

## Ingredientes

**Marinada:**
3 colheres (sopa) de azeite extravirgem
2 dentes de alho finamente picados
uma pitada de açafrão
1 cenoura média ou grande, cortada grosseiramente em cubos
½ funcho ou erva-doce de cabeça pequena
1 alho-poró grande, em rodelas finas
1 xícara (chá) de vinho branco

**Molho rouille:**
1 gema de ovo
1 colher (sopa) de concentrado de tomate
3 dentes de alho bem esmagadinhos
uma pitada de açafrão
250 ml de azeite
1 batata (aproximadamente 200 g) assada
pimenta-do-reino moída na hora a gosto
sal a gosto

***Croûtes*:**
fatias finas de baguete francesa a gosto
2 dentes de alho cortados ao meio

**Sopa:**
500 g de pargo
500 g de linguado
500 g de tamboril
500 g de garoupa
500 g de congro
2 colheres de sopa de azeite extravirgem
1 a 4 espinhas de peixe de água salgada para o caldo
1 cebola cortada em fatias finas
1 cenoura cortada à *julienne* (ou seja, em tiras longas e finas)
2 alhos-porós, sendo 1 pequeno cortado em fatias e 1 cortado à *julienne* (apenas a parte branca deste último, descarte a verde)
2 funchos, sendo 1 cortado em fatias finas e 1 cortado à *julienne* (este funcho à *julienne* pode ser substituído por erva-doce)
1 talo de aipo cortado em fatias finas
1 dente de alho
2 colheres de sopa de concentrado de tomate
500 ml de vinho branco
uma pitada de açafrão
1 ramo de tomilho fresco
1 folha de louro
4 ramos de salsa fresca
manjericão fresco picado para guarnecer
1 l de água

## Preparo

**Marinada:**

Tempere os pedaços de peixe da sopa com o azeite, o alho picado, a cenoura, o funcho e o alho-poró, colocando-os em uma tigela. Adicione o vinho, cubra e deixe marinar na geladeira por, pelo menos, 1 hora e meia.

**Molho rouille:**

Em uma tigela pequena, bata a gema de ovo com o concentrado de tomate, o alho, o açafrão, um pouco de sal e pimenta-do-reino moída na hora e incorpore o azeite aos poucos, batendo sempre. Amasse a batata assada com um espremedor e adicione o purê ao molho, mexendo bem. Reserve.

***Croûtes*:**

Para fazer as *croûtes*, toste ligeiramente as fatias de baguete e esfregue ambos os lados com os dentes de alho. Reserve.

**Sopa:**

Para fazer a sopa, aqueça o azeite em uma panela grande, sobre fogo alto. Adicione as espinhas dos peixes e deixe fritar por cerca de 3 a 4 minutos. Junte o alho-poró cortado em fatias, a cebola, o funcho cortado em fatias finas, o aipo e o alho e cozinhe por mais 2 ou 3 minutos. Acrescente o concentrado de tomate e cozinhe por mais 2 ou 3 minutos. Adicione o vinho e deixe fervilhar durante 5 ou 6 minutos. Junte, então, 1 litro de água, o açafrão, o tomilho, a folha de louro e a salsa. Deixe apurar por cerca de 20 minutos.

Coe a sopa através de uma peneira ou um *chinoy*, comprimindo com uma colher para extrair o máximo de líquido possível. Descarte os ingredientes sólidos.

Cozinhe a sopa em fogo brando durante cerca de 15 minutos ou até engrossar ligeiramente. Use uma escumadeira para retirar qualquer espuma que se forme na superfície (isso é importante).

Corte os peixes em pedaços e coloque em uma panela grande, juntamente com todos os vegetais crus cortados à *julienne* – a cenoura, o alho-poró e o funcho ou erva-doce. Despeje a sopa quente por cima e cozinhe em fogo médio por cerca de 10 a 15 minutos até que os peixes fiquem cozidos. Transfira os peixes para a travessa em que vai servir e reserve. Incorpore três colheres do molho rouille na sopa para torná-la mais espessa. Despeje-a sobre os peixes e polvilhe com o manjericão picado na hora.

Sirva com as *croûtes* de alho e o molho *rouille* à parte.

**Dica:** a qualidade do vinho usado nas suas receitas é importante. Você não precisa usar um vinho caríssimo de safra rara, mas seja honesto com a sua comida, afinal, quem vai se beneficiar é você mesmo. Escolha um bom vinho!

# Tomates gratinados
## recheados com bacalhau

Esta receita, como podem ver, é portuguesa. Preste atenção na proporção recheio e tomates: como o tamanho dos tomates é muito variável, depende muito a quantidade de tomates para essa quantidade de recheio. Use o bom senso para não desperdiçar nada.

Rendimento: 4 a 12 tomates, dependendo do tomate escolhido

### Ingredientes

- 1 kg de bacalhau dessalgado (posta alta)
- 250 g de champignons frescos finamente picados
- 200 g de queijo curado ralado
- 100 g de cebola-roxa picada
- 100 g de abobrinha ralada
- 150 ml de azeite extravirgem
- 50 ml de vinagre de vinho branco
- 12 tomates-italianos pequenos e maduros ou 4 tomates-caquis (bem vermelhinhos)
- 1 colher (chá) de páprica
- 1 colher (chá) de tomilho-limão
- flor de sal a gosto

### Preparo

Lasque o bacalhau anteriormente demolhado e retire a pele e as espinhas.

Escalde os tomates e depois esfrie em água e gelo. Com uma colher, retire a polpa dos tomates e os reserve.

Tempere a cebola-roxa com sal e vinagre e deixe descansar por cerca de 30 minutos.

Em uma panela, doure os cogumelos em azeite e deixe cozinhar até que liberem toda a água. Tempere com flor de sal e junte a cebola. Adicione o tomilho-limão ao preparo, assim como a abobrinha e o bacalhau.

Recheie os tomates até a boca com essa mistura, então acrescente o queijo ralado por cima e finalize com uma pitada de páprica. Leve para gratinar até que os tomates estejam bem dourados.

**Dica:** se preferir, sirva com uma salada de rúcula fresca.

# Sanduíche quente
## de salmão defumado

Este sanduíche alimenta de verdade. Se você quiser, pode servi-lo com um pouco de batata palha. Fica bem interessante!

Rendimento: 2 porções

### Ingredientes

- 250 g de salmão defumado
- 5 colheres (sopa) de maionese
- manjericão triturado a gosto
- 4 ramos de alecrim
- 4 fatias de bacon defumado
- 4 fatias grandes de pão italiano
- 1 tomate grande maduro
- 1 avocado pequeno maduro
- 2 ramos de agrião
- um punhado de folhas de alface-mimosa
- 1 limão-siciliano
- um fio generoso de azeite de oliva
- manteiga a gosto (opcional)

### Preparo

Bata a maionese com o manjericão triturado e acrescente um fio generoso de azeite até formar uma emulsão verdinha e perfumada. Pode acrescentar sal, se desejar. Reserve a mistura na geladeira.

Em uma panela, frite o bacon em fogo médio até dourar e ficar crocante dos dois lados. Reserve a gordura desprendida pela carne. Toste as lascas de pão na gordura do bacon para que absorvam este sabor maravilhoso (se preferir, toste na manteiga).

Fatie o tomate e o avocado.

Na mesma frigideira, esquente rapidamente as fatias de salmão defumado apenas para aquecer, nada mais que isso; 30 segundos de cada lado já são suficientes. Por isso é importante que a frigideira esteja bem quente.

Monte o seu sanduíche: comece com a fatia de pão, espalhe a maionese com manjericão, coloque o bacon crocante, as fatias de tomate, o avocado, o salmão, alguns ramos de agrião e a alface. Finalize espremendo algumas gotas de limão. Cubra com a outra fatia de pão e bom apetite!

Carnes, aves e peixes

# Bacalhau assado
## com batatas ao murro

Rendimento: 4 a 6 porções

**Ingredientes**

**Bacalhau:**
10 postas altas de bacalhau dessalgado
200 g de cebola em rodelas
100 ml de azeite extravirgem
1 colher (café) de páprica
1 folha de louro

**Guarnição:**
1,5 kg de batata-bolinha
1 kg de sal grosso
100 ml de azeite extravirgem
100 ml de vinagre de vinho branco
10 dentes de alho fatiados
2 colheres (sopa) de coentro picado

**Preparo**

**Bacalhau:**
Em uma assadeira, coloque as cebolas e acrescente sobre elas o bacalhau levemente desmanchado. Adicione o louro, o azeite e a páprica.

Leve a assadeira coberta com papel-alumínio ao forno preaquecido a 200 °C, durante cerca de 20 a 25 minutos.

**Guarnição:**
Lave bem as batatas e coloque-as em uma assadeira funda.

Cubra-as com o sal grosso, acrescentando um pouco de água ao sal para deixá-lo úmido (cuidado: o sal tem de estar apenas úmido, se você molhar demais ele derreterá). É importante adicionar um pouquinho de água no sal para que, quando estiver no forno quente, essa mistura faça uma vedação absoluta sobre as batatas, evitando que o ar entre ou saia. Isso deixará as batatas úmidas e suculentas.

Leve ao forno. As batatas estarão cozidas quando você conseguir perfurá-las com facilidade com a faca, mais ou menos 1h30 em forno a 200 °C.

Retire o sal das batatas com cuidado, com um pano de prato, e esmague-as ligeiramente (dando um murrinho nelas). Leve novamente ao forno preaquecido a 200 °C por cerca de 20 a 25 minutos, com o alho e o azeite.

Perfume o bacalhau e as batatas com o vinagre e o coentro e sirva.

Carnes, aves e peixes

# Filé-mignon
## ao molho de mostarda

**Da chef Paula Rizkallah**

Paula e eu nos conhecemos alguns anos atrás. Ela sabe tudo sobre comida e é uma pessoa extremamente agradável e inteligente. Pedi a ela que me desse uma receita de carne daquelas que agradam a todos e não tem erro, ela me ofereceu esta receita de filé ao molho mostarda. Testei em casa e pensei: "Essa Paula sabe mesmo das coisas", pois a receita é ótima! Aproveitem!

Rendimento: 4 a 6 porções

### Ingredientes

1 peça de filé-mignon grande (2,15 kg), inteira e limpa
4 colheres (sopa) (60 ml) de óleo de girassol
500 ml de creme de leite fresco
250 g de mostarda
pimenta-do-reino branca moída na hora a gosto
sal a gosto

### Preparo

Tempere o filé-mignon com sal e pimenta.

Em uma panela grande, aqueça o óleo e frite a carne até ela ficar corada.

Vire para dourar todos os lados por igual e, quando a carne estiver bem douradinha, retire da panela e transfira para uma assadeira funda.

Misture o creme de leite e a mostarda, despeje sobre a carne e cubra a assadeira com papel-alumínio.

Leve ao forno preaquecido a 180 °C e asse por aproximadamente 50 minutos.

Para testar o ponto de cozimento, remova o papel-alumínio e fure a carne com um garfo grande: se sair muito sangue, é porque ainda não está assada.

Quando ela estiver no ponto (dourada por fora e rosada por dentro), retire-a da assadeira e fatie.

Com uma colher, misture bem o molho da assadeira.

Arrume a carne numa travessa e despeje um pouco do molho de mostarda sobre ela. O restante pode ser servido numa molheira à parte.

# Cozido de carne
## com vinho tinto e batatas

Eu sou a rainha das carnes cozidas, adoro a textura da carne incorporada ao molho e aos legumes, e o longo tempo de cozimento que todo cozido requer. Esta receita é acolhedora, perfeita para um dia frio em que você volta para casa cansada, precisando de um reforço de energia. Com um pouquinho de arroz branco em um pratinho fundo, vai aquecer o seu coração, tenho certeza!

Rendimento: 4 a 6 porções

### Ingredientes

- 2 kg de acém grosseiramente cortado
- 4 fatias de bacon, de corte grosso, picado
- pimenta preta moída na hora a gosto
- 1 cebola grande picada
- 2 xícaras (chá) de vinho tinto
- 4 xícaras (chá) de caldo de carne
- 1 kg de batatas-bolinha cortadas ao meio
- 500 g de cenouras descascadas e cortadas em rodelas grandes
- 1 kg de cogumelos frescos (do tipo da sua preferência), divididos em quatro
- 6 raminhos de tomilho, amarrados com barbante de cozinha
- 3 colheres (sopa) de amido de milho
- sal a gosto

### Preparo

Em uma panela grande, adicione o bacon em fogo médio e cozinhe até que esteja dourado, por cerca de 8 minutos. Usando uma escumadeira, transfira o bacon para um prato e reserve.

Tempere o acém com sal e pimenta e coloque-o na panela para selar, virando sempre conforme necessário, até que esteja dourado de todos os lados, por volta de 10 a 12 minutos. Transfira a carne para o prato com o bacon e reserve.

Adicione a cebola à panela e cozinhe até ficar macia e caramelizada, por aproximadamente 5 a 6 minutos. Regue com o vinho e mexa, raspando bem o fundo que se formou na panela. Cozinhe até reduzir ligeiramente, por mais 3 ou 4 minutos.

**Preparo (cont.)**

Adicione a carne grelhada, o bacon misturado com o caldo de carne, as batatas, as cenouras, os cogumelos e o tomilho. Leve para cozinhar e, após ferver, reduza o fogo. Cozinhe, com a panela coberta, até que a carne esteja macia, cerca de 2h30.

Se necessário, acrescente um pouco mais de água fervente ao preparo.

Em uma tigela pequena, dissolva o amido de milho em 3 colheres (sopa) de água quente até ele ficar homogêneo, depois adicione à panela e cozinhe até engrossar, por cerca de 5 a 6 minutos. Tempere com sal e pimenta, e sirva.

**Dica:** além do arroz branco dito no início, este cozido também é ótimo acompanhado de um bom purê de batatas.

Carnes, aves e peixes

# Estrogonofe
## (o mais delicioso!)

**Receita da chef Cecilia Padilha**

Cecilia e eu ficamos amigas e planejamos uma viagem juntas, onde descobriríamos lugares remotos e provaríamos pratos deliciosos ao longo do caminho. Isso tudo, claro, seria apenas pretexto para que a gente aproveitasse a companhia uma da outra, pois sempre que estamos juntas o papo rola solto e delicioso. Provei esse estrogonofe e amei!

Rendimento: 2 porções

### Ingredientes

- 350 g de filé-mignon ou alcatra cortada em cubinhos
- ½ xícara (chá) de creme de leite fresco
- ½ xícara (chá) de tomate pelado
- 40 ml de cachaça
- 1 dente de alho picado
- 2 colheres (sopa) de manteiga
- ½ cebola picada
- ½ xícara (chá) de cogumelos-de-paris
- 1 colher (chá) de amido de milho
- 1 ramo de tomilho fresco (apenas as folhas)
- molho de pimenta a gosto
- pimenta-do-reino a gosto
- sal a gosto

### Preparo

Em uma panela, derreta a manteiga com o alho e a cebola. Acrescente a carne para selar um pouco e em seguida flambe com a cachaça misturada com o amido de milho diluído nela, para não empelotar. Para flambar, é muito simples: basta inclinar com cuidado a panela até que a bebida encoste no fogo. Assim que encostar, o fogo subirá na panela e é só esperar que ele se apague sozinho mesmo. Ou então, coloque a cachaça em uma concha (daquelas que usamos para feijão), acenda a bebida com um isqueiro e derrame na panela já pegando fogo. Assim que apagar o fogo da flambagem, acrescente o tomate pelado, os cogumelos, o tomilho, o creme de leite, o sal, a pimenta e o molho de pimenta. Cozinhe um pouco e está pronto!

# Fraldinha
## com molho de manteiga e alho

**Receita da chef Lela de Vicenzo**

Conheci a Lela logo no início da pandemia da covid-19. Ela, na época, morava no Panamá. Eu, curiosa que sou, fiz uma série de entrevistas com brasileiros ao redor do mundo, na qual eles relatavam suas experiências de isolamento no país em que estavam. Depois disso, eu e Lela nos aproximamos e, volta e meia, trocamos receitas uma com a outra. A Lela faz o tipo de comida que eu gosto: comida para a família, comida de verdade.

Rendimento: 4 a 6 porções

### Ingredientes

- 1 peça de fraldinha de aproximadamente 1 kg
- 4 colheres (sopa) de manteiga amolecida, mas não derretida
- 1 colher (sopa) de alho picadinho ou triturado
- 6 cebolas cortadas em 4 (opcional)
- pimenta-do-reino moída a gosto
- sal a gosto

### Preparo

Preaqueça o forno a 220 °C.
Forre uma forma com papel-manteiga.
Tempere a carne com sal e pimenta dos dois lados e coloque-a na forma.
Faça uma pastinha com o alho e a manteiga amolecida e espalhe nos dois lados da carne. Acomode as cebolas ao lado da fraldinha e leve a forma ao forno por cerca de 15 minutos. Passado esse tempo, corte a carne ao meio para saber se já está no ponto que você gosta. Mesmo que ela não esteja ainda muito corada, o que vale é o ponto da carne. Para mim, essa carne fica mais gostosa mal passada.
Não esqueça de sempre cortar a carne no sentido contrário à fibra para que fique mais macia.
Preste atenção: o tempo para que a carne asse varia muito de forno para forno e também do gosto pessoal de cada um.

Carnes, aves e peixes

# Costela de boi ao forno

**Da chef Ana Carolina Friche**

A Ana Carolina é outra chef daquelas! Nos conhecemos por meio do seu perfil do Instagram. Ela faz a melhor coxinha de frango frita do planeta. Acreditem, é de comer ajoelhado. Virei fã e sigo suas receitas desde então. Fiquei muito feliz quando ela me ofereceu essa receita deliciosa.

Rendimento: 4 a 6 porções

## Ingredientes

1 peça de costela janela de aproximadamente 3 kg
sal grosso a gosto
papel-alumínio
paciência

**Dica 1:** para fazer uma costela maravilhosa, temos que observar alguns pontos.

A gordura da carne não pode estar amarelada; os ossos não podem ser muito largos; e a cor da carne não pode estar amarronzada. É importante que haja bastante gordura entre as fibras.

Outros pontos muito relevantes são a temperatura do forno e o tempo pelo qual ela vai ficar lá dentro.

A costela precisa de uma cocção longa para que a gordura, o nervo, os tendões e o tutano derretam, e o colágeno se junte ao suco da carne para ter o resultado ideal: uma carne macia e um sabor amanteigado inconfundível.

Por isso, não precisamos de nenhum outro ingrediente além do sal.

## Preparo

Retire os excessos de membrana dos ossos.

Faça um corte na horizontal entre cada osso, para facilitar a absorção do sal na hora de soltar os ossos.

Na parte de cima da costela, temos o matambre, que é uma carne mais rígida e precisa de um corte colmeia, como se fosse um quadriculado em diagonal ao sentido dos ossos, para facilitar na hora de cortar a costela.

Tempere com sal grosso e envolva no papel-alumínio, fazendo um embrulho de quatro camadas de papel. Feche bem, coloque em uma assadeira e leve ao forno preaquecido a 100 °C por cerca de 6 horas.

Sugiro servir com folhas de rúcula e limão cortado. Fica delicioso!

**Dica 2:** a primeira vez que fizer este prato, por favor, fique atento ao seu forno, pois, como já explicamos, cada forno tem particularidades. Mantenha-se atento para sua costela ficar suculenta.

# Receitas da minha mãe

Em homenagem à minha mãe, escolhi cada uma das receitas deste capítulo. São receitas que aprendi com ela, segredos de família que serviram de pretexto para encontros memoráveis, tanto entre nós como com amigos. Cada prato deste capítulo tem uma história e me lembra um momento especial da minha vida. Espero que gostem e façam para suas famílias.

Chester assado 70

Bacalhau à Brás 73

Lombo recheado com tomates secos e gorgonzola 74

Filé Wellington 75

*Rigatoni* com linguiça calabresa moída, muçarela de búfala e molho de tomate 79

Torta de couve-flor 80

Farofa de pão e azeitonas 83

Batatas com *bouquet garni* 84

*Ratatouille* assado 86

*Farfalle* com bacalhau, brócolis e azeitonas pretas 89

Frango assado com bacon na cerveja e batatas coradas 90

Frango com cebola-roxa ao vinagre de vinho tinto e cuscuz marroquino 92

Rosbife com couve-flor grelhada ao curry 94

Peru recheado 98

*Cartoccio* de salmão 102

Pudim natalino 104

Rabanada 106

# Chester assado

Essa receita de chester é simples e absolutamente deliciosa, não tem erro! Fica macio, amanteigado, desmanchando na boca. Aqui em casa, chester nas refeições de Natal é tão importante quanto o peru propriamente. Há duas facções bem divididas: o time do chester e o time do peru! Minha mãe, com o sorriso maroto na boca, adora ver as pessoas se debatendo na mesa: o que está mais gostoso? O chester ou o peru? Para ela, o que importa é ver todo mundo comendo e se divertindo, tanto faz se preferem um ou outro.

Rendimento: 4 a 6 porções

### Ingredientes

1 chester
½ tablete de manteiga sem sal
ervas secas a gosto
1 colher (chá) de *lemon pepper*
1 limão
1 copo ou 250 ml de vinho branco
azeite a gosto
suco de ½ limão
pimenta-do-reino a gosto
sal a gosto

### Preparo

Em uma tigela, misture a manteiga em temperatura ambiente com o *lemon pepper*, as ervas, o sal e a pimenta.

Faça buracos na pele do chester e espalhe a manteiga entre a pele e a carne.

Fure o limão com um espeto no mínimo 12 vezes e insira-o inteiro dentro da ave.

Jogue o vinho, um fio de azeite e o suco de limão sobre o chester. Cubra com papel-alumínio e leve ao forno preaquecido a 200 °C por cerca de 1h30 (como já disse em outras receitas, cada forno funciona de uma maneira, por isso preste atenção ao tempo de cocção, pois o seu chester pode demorar mais ou menos tempo).

Durante o cozimento, regue diversas vezes o chester com o molho.

Após 1h30, retire o papel-alumínio e deixe a carne no forno por mais 30 a 40 minutos, até dourar bastante. Continue regando o tempo todo e observe se a gordura da pele do chester está incorporada ao molho, pois isso torna o seu sabor ainda mais gostoso.

Para servir, deglace a assadeira com água para aproveitar o tempero e fazer um molho à parte.

*Receitas da minha mãe*

# Bacalhau à Brás

Este bacalhau é receita antiga e também frequenta a minha casa há anos. Ele é fácil de fazer e muito saboroso. Tenho amigos portugueses que, quando provaram este bacalhau, pediram a receita para eles. Isso é um bom sinal, não é verdade?

Rendimento: 4 a 6 porções

## Ingredientes

- 400 g de bacalhau
- 3 colheres (sopa) de azeite
- 500 g de batatas
- 6 ovos
- 3 cebolas
- bastante cheiro-verde
- óleo de girassol suficiente para fritar
- 1 vidro grande de azeitonas verdes
- pimenta-do-reino a gosto
- sal a gosto

## Preparo

Demolhe o bacalhau, retire a pele e as espinhas e desfie-o com as mãos.

Corte as batatas em palha (basta ralar no ralador) e as cebolas em rodelas finíssimas.

Frite rapidamente as batatas em óleo bem quente, por cerca de 2 ou 3 minutos, mantendo-as branquinhas. Escorra-as sobre papel-toalha.

Em uma panela de fundo grosso, adicione o azeite e refogue bem a cebola. Junte o bacalhau desfiado e as azeitonas, mexendo bem para incorporar o azeite. Abaixe o fogo. Misture os ovos, mexendo bastante, por aproximadamente 3 ou 4 minutos, para que eles cozinhem. Tempere com sal e pimenta-do-reino a gosto.

Acrescente as batatas e mexa por mais 2 ou 3 minutos, para que incorporem bem. Está pronto!

Coloque numa travessa baixa, salpique bastante cheiro-verde por cima e, se quiser, distribua mais azeitonas antes de servir.

# Lombo recheado
## com tomates secos e gorgonzola

Esta receita já foi publicada no meu livro anterior, mas, como este capítulo foi concebido especialmente para homenagear as principais receitas que minha mãe fez para nós ao longo dos anos, eu não poderia jamais deixar esta receita de fora. E vocês vão ver, esta receita já nasceu um clássico!

Rendimento: 6 a 8 porções

### Ingredientes

1½ kg de lombo bem limpinho
200 g de tomates secos picados grosseiramente
200 g de queijo gorgonzola (ou parmesão, se preferir)
1 cebola ralada
2 talos de salsão picadinhos
2 dentes de alho ralados
2 pimentas-dedo-de-moça picadas, sem semente
suco de 2 limões
suco de 1 laranja
200 ml de vinho branco seco
alecrim a gosto
orégano a gosto
pimenta-do-reino a gosto
sal a gosto

### Preparo

Em uma tigela, coloque a cebola, o salsão, o alho, a pimenta, os sucos e o vinho.

Coloque o lombo nesse caldo e deixe marinando por 24 horas na geladeira, regando de tempos em tempos.

Retire da geladeira e abra o lombo em manta. Não descarte a marinada, você vai utilizá-la para assar o lombo. Tempere a carne com sal e pimenta-do-reino a gosto.

Espalhe sobre a carne os tomates secos picados e o queijo. Enrole o lombo como se fosse um rocambole e amarre com barbante de cozinha (amarre bem para que o recheio não saia).

Coloque em uma assadeira e regue com a marinada. Salpique o alecrim e o orégano.

Cubra a assadeira com papel-alumínio e leve ao forno por cerca de 2 horas a 250 °C.

Após esse tempo, retire o papel-alumínio e deixe o lombo dourar por cerca de 35 a 45 minutos.

Sirva com o caldo da assadeira reduzido.

Receitas da minha mãe

# Filé Wellington

Esta receita de filé Wellington também é um clássico na minha casa. Me lembro desde muito pequena, quando a minha mãe preparava esse filé, já entendia logo que era dia de festa. Essa receita tão clássica dos anos 1970/80 também não poderia faltar neste capítulo. Minha mãe tinha uma técnica tão boa para preparar este filé que, em um certo ponto, ela tinha a ousadia de preparar porções individuais de filé Wellington para cada convidado, acredita?

Rendimento: 6 a 8 porções

## Ingredientes

750 g de filé-mignon
500 g de massa folhada
8 a 12 fatias de presunto-de-parma (ou mais se precisar)
2 colheres (sopa) de azeite
2 colheres (sopa) de mostarda inglesa
2 gemas de ovos batidas
farinha de trigo para polvilhar
400 g de cogumelos *shitake* ou cogumelos-de-paris picados grosseiramente em tiras de 1 dedo de espessura
1 cebola pequena
4 talos de salsão picadinhos
1 dente de alho pequeno picadinho
1 ramo de tomilho
raspas da casca de 1 limão-siciliano
pimenta-do-reino a gosto
sal a gosto

## Preparo

Em um processador, bata os cogumelos com a cebola, o salsão, o alho e o tomilho até obter uma pasta grossa.

Transfira a mistura para uma panela e cozinhe por 8 a 10 minutos, mexendo sempre para evaporar a umidade dos cogumelos. Deixe esfriar.

Em uma frigideira, tempere a carne com sal e pimenta-do-reino a gosto e sele por cerca de 3 minutos de cada lado, até que ela esteja completamente selada.

Retire a carne do fogo, espere esfriar completamente e espalhe a mostarda nela.

Em uma superfície grande, abra um plástico-filme e distribua as fatias de presunto de modo que fiquem bem juntinhas, formando uma cama grande o suficiente para colocar o filé em cima dela.

Coloque a metade da pasta de cogumelos como uma faixa na superfície de presunto, pouse a carne exatamente em cima dessa faixa de pasta de cogumelos e coloque a outra metade da pasta na parte superior, como se formasse um sanduíche, antes de começar a enrolar a carne rodeada de pasta de cogumelo no presunto.

**Preparo (cont.)**

Levantando uma das extremidades do papel-filme, vá enrolando o filé rodeado da pasta de cogumelos no presunto, como se fosse um rocambole, formando um rolo. Reserve.

Abra a massa folhada em uma superfície enfarinhada, formando um retângulo.

Coloque a carne "encapada" pelo presunto no meio da massa e pincele as bordas da massa com uma parte das gemas, para que ganhe aderência.

Enrole a carne na massa, deixando as bordas para baixo da assadeira.

Pincele a massa com as gemas e leve à geladeira por 15 minutos.

Preaqueça o forno a 200 °C.

Retire a massa da geladeira e faça furinhos com um garfo a cada 1 cm, pincelando novamente com a gema.

Asse a 200 °C por cerca de 30 a 35 minutos.

Abaixe a temperatura para 180 °C e asse por mais cerca de 10 a 15 minutos.

Deixe descansar por 15 minutos antes de servir.

# Rigatoni com linguiça

## calabresa moída, muçarela de búfala e molho de tomate

Esta receita é o que podemos chamar de *comfort food*. Esse *rigatoni* faz parte das minhas memórias de infância de uma maneira muito presente; basta sentir o perfume dele gratinando no forno que minha memória é invadida por várias cenas de dias de domingo ensolarados em volta da mesa.

Rendimento: 4 a 6 porções

### Ingredientes

- 1 colher (sopa) de azeite
- 1 cebola cortada em cubinhos
- 1 dente de alho picado
- 500 g de linguiça calabresa fresca moída
- 1 xícara (chá) de vinho tinto
- 1 lata (400 g) de tomate pelado
- 500 g de *rigatoni*
- 200 g de muçarela de búfala
- parmesão ralado a gosto
- pimenta-do-reino a gosto
- sal a gosto

### Preparo

Aqueça o azeite em uma panela, acrescente a cebola e refogue bem.

Junte o alho, mexa durante 30 segundos e logo acrescente a linguiça. Refogue bastante até dourar.

Acrescente o vinho tinto e deglace o fundo da panela. Deixe ferver até o álcool evaporar.

Adicione o tomate pelado e deixe cozinhar por 10 minutos. Tempere com sal e pimenta a gosto.

Cozinhe o macarrão na água por cerca de 5 minutos a menos que o tempo sugerido pelo fabricante.

Escorra a massa e reserve um pouco da água de cozimento.

Misture imediatamente o macarrão com o molho, fazendo camadas intercaladas: uma camada de massa e uma camada de molho. Se necessário, acrescente um pouco da água reservada para dar liga. Coloque em uma travessa.

Polvilhe a muçarela de búfala por cima e o parmesão, leve ao forno preaquecido a 200 °C por cerca de 15 a 20 minutos.

Confira o cozimento da massa. Retire do forno e sirva.

# Torta de couve-flor

Esta torta de couve-flor é perfeita para acompanhar carnes ou simplesmente uma boa salada. Muito bonita e delicada, ela enfeita qualquer mesa!

Rendimento: 4 a 6 porções

### Ingredientes

- 1 couve-flor pequena (450 g), com as folhas externas descartadas, cortada em floretes de 3 cm
- 1 cebola-roxa média (170 g)
- 2 colheres (sopa) ou 75 ml de azeite
- alecrim picado em pedaços bem pequenos, a gosto
- manjericão picado a gosto
- 7 ovos
- 120 g de farinha de trigo peneirada
- 1½ colher (chá) de fermento em pó
- ⅓ de colher (chá) de cúrcuma em pó
- 150 g de queijo parmesão (ou outro queijo maturado) ralado grosso
- manteiga derretida para untar a forma
- 1 colher (sopa) de semente de gergelim-branco
- 1 colher (chá) de semente de gergelim-preto
- pimenta-do-reino a gosto
- sal a gosto

### Preparo

Preaqueça o forno a 200 °C.

Coloque água em uma panela e deixe ferver. Assim que ferver, acrescente 1 colher (chá) de sal e os floretes da couve-flor e deixe cozinhar por apenas 2 minutos. Escorra e reserve.

Corte 4 rodelas de 0,5 cm de espessura da cebola e reserve. Pique o restante e coloque em uma panela pequena, com o azeite e o alecrim. Refogue por 10 minutos em fogo médio, mexendo de vez em quando, até que a cebola fique macia. Retire do fogo e deixe esfriar. Transfira a cebola refogada para uma tigela grande, adicione os ovos e o manjericão, bata bem com um *fouet* e então acrescente a farinha, o fermento, a cúrcuma, o queijo parmesão, 1 colher (chá) de sal e bastante pimenta-do-reino. Bata até a mistura ficar cremosa, antes de acrescentar a couve-flor e mexer delicadamente, tentando não quebrar os floretes.

Forre a base e as laterais de uma forma de fundo removível de 24 cm com papel-manteiga. Unte as laterais com a manteiga derretida, misture as sementes de gergelim e polvilhe ao redor de toda a forma, para que grudem nas laterais. Despeje a mistura com a couve-flor e decore com as rodelas de cebola por cima. Coloque a forma no centro do forno e asse por cerca de 45 minutos, até que esteja dourada e cozida: uma faca inserida no meio deverá sair limpa. Retire do forno e deixe descansar por pelo menos 20 minutos antes de servir: a torta deve ser servida morna ou em temperatura ambiente, mas não quente.

Receitas da minha mãe

# Farofa de pão
## e azeitonas

Essa farofa é um espetáculo, modéstia à parte, esta receita de farofa da minha mãe é pra lá de especial! Quem imaginaria que pão amanhecido ralado de uma forma irregular e grosseira serviria de base para essa receita de farofa tão gostosa? Tenho certeza de que, depois de experimentar, você vai fazer regularmente na sua casa!

Rendimento: 5 a 7 porções

### Ingredientes

3 ou 4 pães amanhecidos
2 colheres (sopa) de manteiga
8 a 12 azeitonas verdes (depende do tamanho da azeitona), sem caroço
pimenta-do-reino moída a gosto
sal a gosto

### Preparo

Leve os pães ao forno para assar até que estejam corados e enrijecidos. Espere esfriar e rale na parte grossa do ralador.

Em uma frigideira, derreta a manteiga e acrescente o pão ralado. Tempere com sal e pimenta. Mexa bastante para que a farofa fique dourada uniformemente, por cerca de 4 a 5 minutos.

Acrescente as azeitonas verdes, sem caroço, cortadas em rodelas.

# Batatas
## com *bouquet garni*

Essas batatas são lindas e muito perfumadas. Elas não ficam necessariamente muito coradas, mas a beleza desses medalhões de batatas coroados com pequenos *bouquet garnis* de ervas é realmente inesperada.

Rendimento: 4 a 6 porções

### Ingredientes

1 kg de batata-inglesa
azeite extravirgem a gosto
sal grosso ou flor de sal a gosto
alecrim a gosto
estragão a gosto
tomilho a gosto
barbante culinário

### Preparo

Descasque as batatas e cozinhe-as por cerca de 20 a 25 minutos, para que fiquem pré-cozidas.

Corte as ervas frescas em pedaços de mais ou menos 2 cm e amarre para fazer pequenos *bouquet garnis*, ou seja, minibuquês de ervas aromáticas.

Corte as batatas cozidas em rodelas de mais ou menos 2 dedos de espessura. Coloque-as em uma assadeira e, usando um pincel culinário, unte com azeite.

Com uma faca, faça furos de mais ou menos 1 cm de profundidade no centro de cada rodela de batata.

Coloque um *bouquet garni* dentro do buraquinho de cada rodela e tempere com sal.

Leve ao forno por cerca de 30 a 40 minutos até que as batatas estejam levemente douradas.

# Ratatouille assado

Eu amo *ratatouille*! Sempre amei e tenho certeza de que passei esse amor para todos os que convivem comigo mais de perto! A simples imagem de vários legumes cortados, temperados e assando juntos me dá água na boca! Esta receita é bem completa e minha mãe sempre fez nos natais como aquele acompanhamento que faz pratos diferentes conversarem entre si.

Rendimento: 8 porções

## Ingredientes

**Ratatouille**:
2 berinjelas
6 tomates-italianos
2 abobrinhas-amarelas
2 abobrinhas-verdes
2 colheres (sopa) de azeite
1 cebola cortada em cubinhos
4 dentes de alho picadinhos
1 pimentão vermelho pequeno, cortado em cubinhos
1 pimentão amarelo pequeno, cortado em cubinhos
1 lata de tomate pelado
2 colheres (sopa) de manjericão fresco picadinho (de 8 a 10 folhas)
pimenta-do-reino a gosto
sal a gosto

**Tempero de ervas:**
1 colher (chá) de alho picadinho
2 colheres (sopa) de salsinha fresca picadinha
2 colheres (chá) de tomilho fresco
4 colheres (sopa) de azeite
pimenta-do-reino a gosto
sal a gosto

## Preparo

Preaqueça o forno a 190 °C.
Corte em rodelas de aproximadamente 2 cm as berinjelas, os tomates, as abobrinhas verdes e amarelas, e reserve.
Aqueça 2 colheres (sopa) de azeite em uma panela de 30 cm que possa ir ao forno. Refogue a cebola, o alho e os pimentões até ficarem

Receitas da minha mãe

**Preparo (cont.)**

macios. Tempere com sal e pimenta, e então adicione o tomate pelado amassado. Mexa sobre fogo médio até que os ingredientes estejam totalmente incorporados; continue mexendo aos poucos até o molho reduzir pela metade, ficando bem espesso e grosso. Desligue o fogo e acrescente o manjericão. Espere o molho esfriar um pouco.

Já com o molho em temperatura ambiente, despeje-o em uma travessa, formando uma cama, e monte os vegetais fatiados em um padrão alternado. Por exemplo: berinjela, tomate, abobrinha-amarela, abobrinha-verde, sempre de fora para dentro da panela.

Tempere com sal e pimenta. Cubra a panela com papel-alumínio e asse por cerca de 40 minutos.

Depois desse período, remova o papel e asse por mais 20 minutos até que os vegetais estejam macios.

Misture os ingredientes do tempero de ervas e despeje sobre o *ratatouille* assado.

Sirva enquanto estiver quente como prato principal ou como acompanhamento. O *ratatouille* também fica excelente no dia seguinte.

# *Farfalle* com bacalhau,

## brócolis e azeitonas pretas

Essa massa é tão gostosa quanto bonita, fresca, perfeita para servir nos dias quentes de verão! Durante vários anos, aluguei uma casa muito simpática em Búzios, e minha mãe, sempre animada a cozinhar, nunca perdeu uma oportunidade de fazer essa massa para todos nós. E tem um detalhe: essa massa é saborosa quente ou fria. Pode escolher como prefere!

Rendimento: 4 a 6 porções

### Ingredientes

- 500 g de *farfalle*
- 400 g de bacalhau dessalgado
- 100 ml de leite
- 3 colheres (sopa) de azeite
- 1 brócolis em floretes
- 1 vidro grande de azeitona preta sem caroço
- bastante cheiro-verde picadinho
- pimenta-do-reino a gosto
- sal a gosto

**Dica:** você também pode acrescentar raspas da casca de limão-siciliano à sua receita. Faça isso antes de levar o prato à mesa e a massa ficará colorida e perfumada.

### Preparo

Adicione 200 ml de água aos 100 ml de leite, ferva, e demolhe o bacalhau nessa mistura fervente por cerca de 30 minutos. Retire a pele e as espinhas e o desfie grosseiramente com as mãos.

Em uma panela com água fervente, acrescente os brócolis e deixe cozinhar por apenas 2 minutos. Escorra e reserve.

Cozinhe a massa conforme as instruções do fabricante. Reserve a água do cozimento. Corte as azeitonas ao meio ou em quartos.

Misture o bacalhau desfiado com bastante azeite para incorporar. Acrescente os brócolis e a massa. Misture bem. Tempere com sal e pimenta-do-reino a gosto. Se achar necessário, acrescente uma ou duas colheres (sopa) da água do cozimento do macarrão, para dar liga à mistura.

Por último, acrescente as azeitonas pretas, mas com cuidado porque elas podem manchar tanto a massa quanto a carne do bacalhau; por isso devem ser colocadas imediatamente antes de levar o prato à mesa. Salpique bastante cheiro-verde e está pronto.

# Frango assado
## com bacon na cerveja e batatas coradas

Este era o prato típico dos domingos em família na minha casa, era o nosso prato sagrado de todos os domingos. Eu me lembro nitidamente de estar na sala assistindo desenho com 6 ou 8 anos de idade, esperando o almoço ficar pronto e enlouquecendo de tanta fome com o perfume desse prato invadindo a sala.

Rendimento: 4 a 6 porções

**Ingredientes**

- 5 batatas grandes, sem casca, cortadas em nacos irregulares
- 6 sobrecoxas de frango sem pele
- 6 fatias de bacon em temperatura ambiente
- 500 ml de cerveja
- suco de 2 limões
- azeite a gosto
- cheiro-verde picadinho a gosto
- pimenta-do-reino a gosto
- sal a gosto

**Dica:** escolha uma travessa bem grande para que haja espaço para virar as batatas e as sobrecoxas durante todo o cozimento.

**Preparo**

Em uma travessa refratária grande, espalhe as batatas já pré-cozidas, as sobrecoxas já enroladas na fatia do bacon (se precisar, prenda com um palito). Regue com azeite e o suco de 1 limão; deixe o outro para regar durante o cozimento.

Tempere com sal, pimenta-do-reino e mais um pouco de azeite. Finalize com metade da cerveja. Cubra com papel-alumínio e leve ao forno preaquecido a 200 °C. Deixe cozinhar por cerca de 1 hora tampado com o papel-alumínio. Cuide para que a cerveja não seque.

Assim que o frango estiver completamente cozido, você deve tirar o papel-alumínio e devolvê-lo ao forno para que doure. Esta é a parte que mais requer a sua atenção, pois, para que fique perfeito, é necessário estar atento, sempre virando as batatas e o frango de lado para que todas as partes fiquem em contato com o molho e incorporem sabor. Isto deve demorar cerca de 1h30. Aos poucos, vá acrescentando o restante da cerveja e o suco do limão, mantendo o frango sempre úmido.

O frango ideal estará bem corado e extremamente úmido por dentro. É importante não deixar ressecar. Ao servir, salpique o cheiro-verde picadinho por cima do frango.

Na cozinha com Carolina 3

# Frango com cebola-roxa
## ao vinagre de vinho tinto e cuscuz marroquino

## Rendimento: 4 a 6 porções

**Ingredientes**

- 1 caixa (500 g) de cuscuz marroquino
- 1 frango inteiro, com pele, cortado em pedaços
- 12 cebolas-roxas descascadas (ou brancas, se preferir)
- suco de ½ limão
- água (se necessário)
- 200 ml a 250 ml de vinagre de vinho tinto
- 200 ml de caldo básico de frango (veja receita na p. 195)
- 1 colher (sopa) de molho inglês
- 1 colher (chá) de mostarda Dijon
- 125 ml de aceto balsâmico branco
- azeite a gosto
- cheiro-verde a gosto
- pimenta-do-reino preta e branca a gosto
- sal a gosto

**Preparo**

Coloque um pouco de azeite em uma frigideira grande e alta.

Frite o frango até dourar, por cerca de 20 a 30 minutos, virando-o algumas vezes para a pele não queimar.

Enquanto isso, pique o cheiro-verde.

Corte as cebolas em gomos irregulares.

Acrescente à panela o suco de limão e um pouco de água para evitar que o frango grude no fundo. Ao jogar o líquido, raspe bem o fundo para soltar o sabor. Pingue mais água quantas vezes for necessário.

Quando o frango estiver dourado, retire-o da panela e coloque as cebolas. Acrescente mais um pouco de água, um fio de azeite e mexa.

Despeje o vinagre de vinho tinto e tampe imediatamente por 10 segundos. Abra novamente a panela e continue mexendo.

Acrescente um pouco do caldo de frango. Tempere com pimenta-do-reino preta e branca e sal. Continue mexendo. Acrescente o molho inglês e a mostarda. Adicione também o *aceto balsâmico branco*.

Tampe a panela por aproximadamente 5 a 10 minutos.

Volte com o frango para a panela. Acrescente mais água ou caldo de frango se for necessário. Tampe e deixe cozinhar por mais 20 minutos.

Faça o cuscuz conforme indicação do fabricante, usando caldo de frango em vez de água para dar um sabor especial.

Ajuste o tempero e sirva colocando o cuscuz como se fosse um grande *donut* em uma travessa funda, deixando um buraco no meio. Neste buraco, coloque o frango com as cebolas roxas ao vinagre de vinho tinto, salpique o cheiro-verde picado e sirva.

# Rosbife com couve-flor
## grelhada ao curry

Este prato é delicioso; a combinação do rosbife com o molho de couve-flor grelhada ao curry é muito inesperada e interessante. Esta receita foi desenvolvida numa época em que todos da família estávamos obcecados por couve-flor e curry. Com um pitaco da mamãe ali, um pitaco da netinha daqui, nasceu esse rosbife. Ele vai muito bem com aquela farofinha de pão que já falei para vocês. Vamos lá:

Rendimento: 6 a 8 porções

### Ingredientes

- 1 peça (1 kg a 1,2 kg) de filé-mignon limpo
- azeite a gosto
- 1 couve-flor
- 1 colher (sopa) de curry
- 3 colheres (sopa) de manteiga em temperatura ambiente
- 1 cebola pequena picadinha
- 50 ml de vinho branco
- 500 ml de leite de coco
- 200 ml de creme de leite fresco
- um *bouquet garni* de talo de coentro, capim-limão e tomilho
- molho inglês a gosto
- 2 pimentas-dedo-de-moça sem sementes
- 2 paus de canela
- 1 colher (sopa) de gengibre fresco
- 1 colher (sopa) de mostarda Dijon
- 1 colher (sopa) de páprica picante
- pimenta-do-reino a gosto
- sal a gosto

Receitas da minha mãe

**Preparo**

Corte a couve-flor em floretes e branqueie bem rapidamente. Grelhe os floretes em uma chapa ou frigideira com um fio de azeite. Deixe que eles fiquem tostados, não tenha receio, pois, quanto mais chamuscada ficar a sua couve-flor, mais interessante será o sabor que ela trará ao molho. Aqui em casa, eu deixo a minha pretinha! Reserve a couve-flor.

Em uma frigideira, derreta a manteiga e sele o filé-mignon, já temperado com sal e pimenta-do-reino a gosto, como rosbife.

Em uma panela com azeite, acrescente a cebola, a pimenta-dedo-de-moça, o gengibre e deixe refogar por 3 ou 4 minutos. Acrescente o vinho, mexa bem e deixe evaporar por mais uns 3 ou 4 minutos. Acrescente agora a canela em pau, o leite de coco, o *bouquet garni*, uma pitada de molho inglês, o curry, a páprica, a mostarda e o creme de leite fresco, misture tudo e deixe reduzir. Desligue o fogo e coe o molho usando uma peneira ou um *chinoy*.

Volte o molho para a panela, acrescente a couve-flor tostada e deixe reduzir mais um pouco, por cerca de 15 a 20 minutos. É importante que o seu molho fique um pouco espesso.

Fatie o rosbife numa travessa de servir, espalhe o molho de couve-flor com curry ao redor.

**Dica:** você pode servir esse rosbife com arroz branco fresquinho e a farofa de pão da p. 83.

95

# Peru recheado

Este peru é complexo e demorado para preparar, mas vale muito a pena. É um peru diferente, além do que ele fica absolutamente lindo quando servido e cortado em fatias. Nem sei onde minha mãe encontrou essa receita. Uma vez preparei este prato no programa da Angélica e, apesar de ter demorado, ficou realmente lindo de morrer!

Rendimento: 8 a 10 porções

## Ingredientes

**Peru:**
1 peru de 3,5 kg desossado
800 g de vitela moída
200 g de linguiça-toscana moída
200 g de fígado de galinha moído
150 g de queijo parmesão ralado
3 ovos
300 g de castanhas-portuguesas descascadas e cortadas ao meio
azeite a gosto
pimenta-do-reino a gosto
sal a gosto

**Molho:**
metade dos ossos do peru assados
1 cebola em pedaços
1 cenoura em pedaços
2 talos de aipo em pedaços
100 ml de vinho branco
1 l de água
50 g de farinha de trigo

**Caldo:**
300 g de castanhas-portuguesas descascadas
800 g de batatas descascadas, cortadas grosseiramente
1 colher (sopa) de manteiga derretida
alecrim a gosto
sálvia a gosto
azeite a gosto
sal a gosto
pimenta-do-reino a gosto
metade dos ossos do peru assados

## Preparo

**Peru:**

Preaqueça o forno a 200 °C.

Com exceção do azeite, faça uma mistura com todos os ingredientes e a utilize para rechear o peru.

Costure o peru recheado e regue-o com bastante azeite.

Coloque os ossos na assadeira junto com o peru, cubra com papel-alumínio e asse por cerca de 30 minutos.

Tire o peru do forno, retire os ossos e asse o peru por mais aproximadamente 1h30, até estar bem dourado.

**Molho:**

Com exceção da farinha, misture todos os ingredientes em uma panela.

Leve ao fogo e deixe reduzir para ⅓ do líquido, em torno de 40 minutos.

Coe e acrescente a farinha peneirada aos poucos, para engrossar. Não se esqueça de mexer constantemente para o molho não ficar empelotado. Se necessário, bata com o *fouet*. Reserve.

**Caldo:**

Em uma assadeira, distribua as castanhas, as batatas e os ossos.

Salpique as ervas por cima, na quantidade que desejar.

Regue com azeite, tempere com sal e pimenta a gosto e, por fim, despeje o molho. Misture. Pincele as batatas e castanhas com a manteiga.

Leve ao forno até as batatas cozinharem e ficarem bem douradinhas, cerca de 1h30. Se necessário, adicione um pouco de água ou caldo de frango para não queimar.

Para servir, retire os ossos do caldo, coloque o peru numa travessa, arrume as batatas e castanhas ao redor, e regue com um pouco do caldo que ficou na assadeira do peru. O restante, coloque numa molheira e leve para a mesa, para ser servido à parte.

# Cartoccio de salmão

Essa receita é um coringa, chique, rápida e fácil. É perfeita para quem está com pressa e precisa fazer uma refeição para impressionar o convidado. Aqui em casa, não tem erro, é sempre um sucesso! Ela também já foi publicada no meu livro anterior, mas, como já expliquei, este capítulo é em homenagem às receitas de família que minha mãe sempre preparou, por isso não poderia deixar de fora esse *cartoccio* que é um sucesso!

Rendimento: 4 a 6 porções

## Ingredientes

1 filé de salmão (500 g) sem pele
250 g de *cream cheese*
300 g de queijo gorgonzola
1 pacote de massa folhada
1 gema levemente batida
salsinha picada a gosto
um fio de azeite (opcional)
pimenta-do-reino a gosto
sal a gosto

## Preparo

Misture o *cream cheese* com o queijo gorgonzola até virar uma pasta. Tempere com sal e pimenta-do-reino a gosto.

Abra a massa folhada em uma superfície plana e coloque o salmão no meio, sem tempero.

Em cima do salmão, espalhe a mistura do *cream cheese* com gorgonzola, jogue um pouco de salsinha picada e coloque um fio de azeite, se desejar.

Feche a massa como se fosse um pastel e pincele a superfície com a gema batida, para que fique douradinha. Não se esqueça de fazer pequenos furos com um garfo para a sua massa não formar bolhas.

Coloque em uma travessa refratária e leve ao forno preaquecido a 230 °C, por cerca de 35 a 45 minutos, dependendo da potência do seu forno.

Depois de pronto, é só servir.

# Pudim natalino

O que dizer sobre este pudim? Antes de tudo, quero que você faça e não tenha medo: a receita é complexa, com várias etapas, mas prometo que é mais fácil do que parece, e o resultado é maravilhoso, fica lindo e saborosíssimo! Tenho certeza de que, assim como acontece na minha família, você vai incorporar essa receita ao seu Natal.

Rendimento: 8 a 10 porções

## Ingredientes

**Massa:**
150 g de *cranberries* desidratados
150 g de uvas-passas
150 g de tâmara picada
150 g de damasco picado
150 g de noz-pecã picada
3 colheres (sopa) de frutas cristalizadas
1 ramo pequeno de alecrim picado
raspas da casca de 1 mexerica
suco de 1 mexerica
75 g de farinha de rosca fresca
150 g de farinha de trigo
150 g de manteiga
1 ovo
200 ml de leite
1 xícara (chá) de uísque, bourbon ou conhaque
manteiga sem sal para untar a tigela
papel-manteiga
2 folhas de papel-alumínio
barbante
canela, açúcar de confeiteiro e alecrim para decorar

**Chantilly:**
500 ml de creme de leite fresco
1 xícara (chá) de açúcar

## Preparo

**Massa:**

Com exceção do uísque e dos ingredientes para decorar, misture todos os ingredientes da massa até ela ficar homogênea.

Unte um *bowl* com bastante manteiga e coloque a massa. Alise bem em cima para que o seu pudim não fique torto. Faça uma capa

**Preparo (cont.)**

com papel-manteiga e sele na borda do *bowl*. Coloque por cima duas folhas de papel-alumínio e prenda com duas voltas de barbante ao redor do *bowl*. Aproveite e faça uma alça de barbante: passe o barbante por cima de um lado até o outro, com alguma folga. O *bowl* vai dentro de uma panela e isso facilitará a movimentação.

Leve em banho-maria, com a panela tampada, em fogo baixo por 4 horas. Confira a panela de hora em hora. Se a água estiver secando, coloque mais, já aquecida. Ela deve sempre ter água até a metade do *bowl*. Não deixe a panela secar em momento nenhum do cozimento.

Retire o *bowl* da panela e deixe esfriar. Então, retire o barbante e as folhas de papel-alumínio e papel-manteiga. Vire o *bowl* em um prato de bolo, espere esfriar e desenforme.

Em uma frigideira, coloque a xícara (chá) de uísque. Flambe com cuidado. Despeje delicadamente a bebida, ainda pegando fogo, por cima do pudim. O fogo vai apagar bem rápido, mas na base se formará uma crosta deliciosa por causa da flambagem.

Decore o pudim com açúcar de confeiteiro, canela e alecrim, como desejar.

**Chantilly:**

Em uma tigela, coloque os ingredientes e bata até que a massa atinja a consistência de chantilly. Sirva o pudim com chantilly de acompanhamento e seja feliz.

# Rabanada

Para quem gosta de rabanada, esta receita é tipo papo sério. Nunca uma receita de rabanada deu certo em tantos lares diferentes. Não importa se o pão é francês, se é italiano, ela sempre funciona. Faça e aproveite o seu Natal!

Rendimento: 8 a 10 porções

## Ingredientes

- 2 baguetes fatiadas (ou pães de rabanada)
- 1 l de leite
- 2 latas de leite condensado
- 3 ovos grandes batidos
- óleo para fritar
- açúcar a gosto
- canela a gosto

## Preparo

Misture o leite com o leite condensado. Mergulhe as fatias de pão nesta mistura rapidamente. Em seguida, passe o pão levemente umedecido com a mistura de leite nos ovos já batidos.

Frite o pão em óleo quente até que ele fique dourado.

Com um papel-toalha, retire o excesso de óleo de cada rabanada.

Em um prato, misture o açúcar e a canela e passe as rabanadas nessa mistura.

Sirva a seguir.

# Massas
## e risotos

Sou apaixonada por massa e risoto. Este capítulo é pequeno, porém todas as receitas foram testadas exaustivamente e eu garanto: são a melhor versão de cada uma delas! Por isso, ao executá-las, divirta-se e tenha a certeza de que está preparando uma receita saborosa e feita com muito carinho para você!

Risoto de tomate 110

Risoto de beterraba 113

Risoto de abóbora-cabotiá e camarão 114

Risoto primavera 117

Bolinho de risoto ou *arancini* 118

*Rigatoni* com molho de tomate picante e linguiça de frango 121

*Conchiglione* recheado com ricota e folhas verdes 122

# Risoto de tomate

Esse é um dos meus risotos preferidos. Talvez por ser tão básico e fácil de preparar, acho que ele se torna difícil, pois acredito que Deus mora nos detalhes. E uma boa receita também é feita de pequenos detalhes.

Rendimento: 2 a 3 porções

### Ingredientes

- 250 g de arroz-arbóreo
- cheiro-verde a gosto
- 150 ml de vinho branco
- 1 lata de tomate pelado esmigalhado
- 250 ml de água fervente com tablete de caldo de legumes caseiro (veja receita na p. 197)
- 2 colheres de sopa (40 g) de manteiga
- um fio de azeite de oliva
- 1 cebola média cortada em pedaços bem pequenos
- 3 raminhos de tomilho
- 1 colher (chá) de açúcar
- parmesão ralado a gosto
- pimenta-do-reino moída na hora a gosto
- sal a gosto

### Preparo

Coloque a manteiga e um fio de azeite na panela, adicione a cebola e mexa bem, sem deixar que ela queime.

Adicione o arroz arbóreo e o refogue, mexendo por 1 ou 2 minutos. Acrescente então o vinho e mexa por mais 2 ou 3 minutos, só então acrescente o tomate pelado, mexendo sempre.

Misture, aos poucos, o caldo de legumes caseiro e continue mexendo sempre, para que a liberação do amido faça o risoto se incorporar e criar aquele caldo espesso. Acrescente água fervente se necessário, e siga mexendo até o arroz ficar al dente. Isso pode levar de 25 a 30 minutos.

Adicione o tomilho e uma colher de chá de açúcar, caso o gosto do tomate esteja muito ácido.

Tempere com pimenta-do-reino a gosto, sal, cheiro-verde e manteiga.

Adicione parmesão a gosto para finalizar e sirva imediatamente.

**Dica:** lembre-se, todo risoto deve ser servido ainda úmido, com bastante caldo, pois, apesar de não estar mais no fogo, ele seguirá cozinhando com o próprio calor do prato e, por isso, se você não servir da forma correta, ressecará muito rapidamente.

Massas e risotos

# Risoto de beterraba

Este risoto também mora no meu coração! Além da cor da beterraba, que eu acho belíssima, a combinação do doce com o amargo do queijo de cabra fica insuperável. Espero que gostem!

Rendimento: 2 a 3 porções

### Ingredientes

- 2 colheres de sopa (40 g) de manteiga em temperatura ambiente
- um fio de azeite de oliva
- 1 cebola média cortada em pedaços bem pequenos
- 250 g de arroz arbóreo
- 150 ml de vinho branco
- cheiro-verde a gosto
- 4 colheres (sobremesa) de pó de beterraba ou de purê de 2 beterrabas cozidas (leia a dica abaixo)
- 250 ml de água fervente com tablete de caldo de legumes caseiro (veja receita na p. 197)
- 200 g de queijo de cabra feta
- 3 abobrinhas pequenas
- raspas de 1 limão-taiti
- pimenta-do-reino moída na hora a gosto
- sal a gosto

**Dica:** se for fazer com o purê de beterraba, reserve a água do cozimento, pois você pode utilizá-la mais tarde na cocção do risoto.

### Preparo

Derreta a manteiga com um fio de azeite e refogue a cebola até que esteja macia, mas sem dourar. Adicione então o sal, a pimenta e o cheiro-verde a gosto. Refogue por mais 1 ou 2 minutos.

Adicione o arroz-arbóreo e refogue por cerca de 2 ou 3 minutos. Só então acrescente o vinho e mexa por mais 2 ou 3 minutos, para o álcool evaporar.

Vá adicionando aos poucos e bem lentamente a beterraba em pó (ou o purê de beterraba) e o caldo de legumes.

Siga mexendo o risoto e acrescentando o caldo de legumes sempre que necessário, até que arroz cresça e esteja al dente. Isso pode levar de 25 a 30 minutos.

Para dar um frescor, finalize adicionando as raspas do limão-taiti e o queijo de cabra despedaçado.

Eu costumo servir este risoto acompanhado de abobrinhas.

Corte as abobrinhas ao meio no sentido longitudinal e grelhe dos dois lados em uma frigideira com um fio de azeite. Tempere com sal e pimenta e pronto.

# Risoto de abóbora-
## -cabotiá e camarão

Rendimento: 2 a 3 porções

### Ingredientes

- 250 g de arroz-arbóreo
- 150 ml de vinho branco
- 250 ml de água fervente com tablete de caldo de legumes caseiro (veja receita na p. 197)
- 2 colheres de sopa (40 g) de manteiga em temperatura ambiente
- 1 cebola média cortada em pedaços bem pequenos
- 400 g de purê de abóbora-cabotiá (reserve a água do cozimento)
- uma pitada de noz-moscada ralada na hora
- azeite de oliva a gosto
- cheiro-verde a gosto
- 1 colher (chá) cheia de curry em pó
- 500 g de camarão VG ou rosa já limpo e descascado
- pimenta-dedo-de-moça sem sementes bem picadinha
- *lemon pepper* suficiente para empanar
- pimenta-do-reino moída na hora a gosto
- sal a gosto

### Preparo

O primeiro passo é temperar os camarões com o *lemon pepper* e deixar descansar no papel-toalha para que fiquem bem sequinhos.

Em uma panela, adicione a manteiga e o azeite. Grelhe o camarão por aproximadamente 1 minuto de cada lado, e reserve.

Nessa mesma panela, já sem o camarão, adicione a cebola, o cheiro-verde a gosto e o arroz-arbóreo, e refogue por cerca de 2 a 3 minutos. Acrescente o vinho e mexa bem por mais 2 ou 3 minutos e então acrescente o purê de abóbora e a pimenta-dedo-de-moça e vá acrescentando lentamente o caldo de legumes enquanto mexe.

Adicione o curry à panela para dar um toque especial. Acrescente também um pouco da água do cozimento da abóbora e a noz-moscada, tempere com sal e mais pimenta-do-reino a gosto e siga mexendo, até que o seu arroz cresça e esteja al dente, aproximadamente 25 a 30 minutos.

Desligue o fogo, despeje parte dos camarões na panela e misture. Finalize com camarões por cima mais cheiro-verde e um pouco de azeite de oliva. Sirva imediatamente.

Massas e risotos

# Risoto primavera

Rendimento: 2 a 3 porções

## Ingredientes

250 g de arroz-arbóreo
150 ml de vinho branco
250 ml de água fervente com tablete de caldo de legumes caseiro (veja receita na p. 197)
2 colheres de sopa (40 g) de manteiga em temperatura ambiente ou mais, se precisar
1 cebola média cortada em pedaços bem pequenos
1 cenoura média cortada em fatias bem finas
2 tomates bem maduros cortados à *julienne*
½ xícara de ervilhas frescas ou congeladas
200 g de floretes de couve-flor
um fio de azeite de oliva extravirgem
cheiro-verde a gosto
1 abobrinha pequena cortada em rodelas finas
pimenta-do-reino moída na hora a gosto
sal a gosto

## Preparo

Em uma panela, derreta a manteiga e o azeite e acrescente a cebola para refogar, até que esteja macia, sem dourar.

Adicione pimenta-do-reino, cheiro-verde e sal a gosto. Acrescente o arroz arbóreo e deixe refogar por cerca de 2 a 3 minutos. Acrescente então o vinho e refogue por mais 2 ou 3 minutos. Só então acrescente, aos poucos, o caldo de legumes, já se preparando para acrescentar os legumes. Vá acrescentando-os conforme o tempo de cozimento de cada um, colocando para cozinhar primeiro o legume que demora mais tempo – neste caso, primeiro a cenoura, depois os floretes de couve-flor, as ervilhas, a abobrinha em rodelas finas e, por fim, os tomates. Se necessário, adicione água fervente para continuar o cozimento enquanto coloca os legumes. Vá mexendo até que o arroz esteja al dente, cerca de 25 a 30 minutos.

Para finalizar, coloque uma colher de chá de manteiga e parmesão ralado e mexa bastante. Está pronto o seu risoto primavera!

# Bolinho de risoto
## ou *arancini*

Eu adoro *arancini*! Como vocês perceberam, sou fã de risotos e adoro também aproveitar os alimentos. Sempre que sobra alguma coisa na geladeira, vou logo pensando qual é a melhor maneira de reutilizar, detesto desperdiçar comida. Este bolinho além de tudo fica delicioso e você pode fazer com qualquer risoto!

Rendimento: 10 a 12 bolinhos

### Ingredientes

**Farofa de pão:**
3 a 4 pães amanhecidos
parmesão ralado ou ricota defumada ralada a gosto
pimenta-do-reino a gosto
sal a gosto

***Arancini*:**
2 ovos
1 porção (300 g) de risoto
óleo para fritar
opções de recheio: tomate-cereja, queijo de cabra ou presunto-de-parma a gosto

### Preparo

**Farofa de pão:**
Leve os pães ao forno para assar até que estejam corados e enrijecidos. Espere esfriar e rale na parte grossa do ralador, para que fique irregular. Tempere o pão ralado com sal e pimenta-do-reino a gosto. Acrescente um pouco de parmesão ralado ou ricota defumada ralada, misture bem todos os ingredientes com as mãos e está pronta a sua farofa.

***Arancini*:**
Separe dois pratos fundos. Em um deles, quebre os ovos e bata com um garfo para misturar. No outro, coloque a farofa de pão.
Para moldar os bolinhos: separe uma tigela com um pouco de água. Umedeça as mãos e enrole uma porção de risoto do tamanho de uma bola de pingue-pongue. Aperte bem para firmar e deixar o bolinho compacto. Com o dedo, faça um buraco no bolinho e coloque o recheio de sua escolha. Aperte e enrole novamente para fechar. Transfira para um prato ou assadeira e repita com o restante.

**Preparo (cont.)**

Para empanar: primeiro, passe o bolinho pelo ovo batido e deixe escorrer o excesso; em seguida, passe pela farofa de pão, cobrindo toda a superfície, e volte para o prato. Repita com os outros.

Após esse processo, leve uma panela pequena com o óleo para aquecer em fogo médio. Para saber se a temperatura está certa para fritar, coloque um palito de fósforo no óleo. Quando ele acender, o óleo estará no ponto.

Forre uma travessa com papel-toalha.

Assim que o óleo aquecer, diminua o fogo.

Com uma escumadeira, mergulhe três bolinhos de cada vez.

Deixe fritar por cerca de 3 minutos, até dourar, e mexa delicadamente para que os bolinhos dourem por igual e não grudem no fundo.

Com a escumadeira, retire os bolinhos e os transfira para a travessa forrada com papel-toalha.

Frite o restante e sirva os bolinhos ainda quentes.

Massas e risotos

# Rigatoni com molho
## de tomate picante e linguiça de frango

Rendimento: 6 porções

**Ingredientes**

- 1 lata de tomate pelado
- ½ litro de creme de leite fresco
- 1 caixa (aproximadamente 500 g) de *rigatoni*
- 1 caixa (aproximadamente 280 g) de tomate-cereja
- 1 pacote (350 g a 400 g) de linguiça de frango
- ¼ de xícara (chá) de queijo parmesão
- um fio de azeite
- 3 dentes de alho picados
- uma pitada de manjericão seco
- uma pitada de orégano
- uma pitada de pimenta-vermelha moída
- manjericão fresco, para enfeitar

**Preparo**

Cozinhe a massa de acordo com o tempo da embalagem e reserve um pouco da água do cozimento.

Enquanto cozinha, aqueça um fiozinho de azeite em uma panela grande, acrescente o alho e mexa por alguns segundos antes de adicionar as linguiças inteiras. Deixe fritar até que estejam bem douradas dos dois lados; frite pelo tempo que for necessário, retire da panela e só então corte em fatias irregulares. Reserve.

Na mesma panela em que fritou a linguiça, adicione a lata inteira de tomate pelado, o manjericão, o orégano e a pimenta-vermelha moída.

Então adicione o queijo parmesão e todo o creme de leite. Siga mexendo sobre fogo médio até que o molho incorpore e borbulhe, de 25 a 30 minutos.

Adicione as linguiças e os tomates-cerejas durante os últimos dois minutos de fervura e depois desligue o fogo. Adicione diretamente na panela o macarrão cozido e misture. Se necessário, acrescente algumas colheres da água do cozimento da massa para incorporar melhor o molho.

Enfeite com manjericão fresco e sirva!

**Dica:** fritar as linguiças inteiras ajuda a preservar a umidade do alimento.

# Conchiglione recheado
## com ricota e folhas verdes

Essa massa é uma das minhas preferidas, tem um sabor muito particular e fica absolutamente linda depois de recheada. Aqui em casa, toda vez que faço, a Isabel, minha filha menor, brinca: "Mamãe, temos macarrão de conchinhas do mar hoje para o jantar!". E ela tem razão: essa massa tem mesmo o formato de conchas e, com esse recheio de ricota esverdeada, fica realmente uma beleza!

Rendimento: 4 a 6 porções

### Ingredientes

- 2 xícaras (chá) de ricota
- 1 maço de couve
- 2 a 3 anchovas (opcional)
- 2 dentes de alho finamente ralados
- ¼ de colher (chá) de noz-moscada ralada na hora
- 1 colher (chá) de pimenta síria
- 1 colher (chá) de sal
- bastante pimenta-do-reino moída na hora
- 2 xícaras (chá) de molho de tomate caseiro ou 2 latas de tomate pelado
- 1 caixa de *conchiglione*
- parmesão ralado a gosto
- azeite de oliva extravirgem para finalizar

### Preparo

**Couve:**

Para preparar a couve, ferva uma grande panela de água com sal. Enquanto a água ferve, encha uma tigela grande com água gelada e coloque uma peneira em cima. Quando a água ferver, adicione a couve e cozinhe por cerca de 3 minutos, ou até ficar verde brilhante. Remova a couve da água fervente com uma pinça e passe para a peneira colocada sobre a água gelada. Deixe no choque térmico por cerca de 2 minutos, escorra completamente e esprema o excesso de umidade com um pano de prato limpo.

**Massa:**

Bata as folhas de couve, a ricota, a noz-moscada, a pimenta síria, o sal e a pimenta-do-reino em um processador de alimentos. Adicione as anchovas e o alho e pulse para misturar. Prove e ajuste o tempero conforme o seu gosto.

Preaqueça o forno a 200 °C.

Leve uma panela grande com água para ferver e cozinhe a massa até ela ficar

Massas e risotos

Preparo (cont.) al dente (cerca de 6 minutos), mexendo regularmente. É preciso que a massa fique mal cozida para que, ao assar, não se quebre ou fique flácida. Escorra, liberando a massa que pode estar grudada. Agite o escorredor de macarrão para drenar qualquer água acumulada na massa.

Em uma travessa, despeje o molho de tomate formando uma cama.

Coloque a ricota na massa – cerca de uma colher de sopa em cada *conchiglione* – e disponha as conchas em uma assadeira de tamanho médio.

Regue com um pouco de azeite, mais pimenta moída, e coloque para assar por aproximadamente 20 minutos.

Após esse período, tampe a travessa com papel-alumínio, aumente a temperatura do forno para 250 °C, e asse por mais 10 a 15 minutos, até que todas as massas estejam macias e douradas.

Espalhe o parmesão, regue com azeite e sirva imediatamente.

# Uma panela só

Este é um dos meus capítulos preferidos do livro. Vocês já devem ter percebido que sou a rainha das coisas práticas e rápidas na cozinha. Gosto de receitas que funcionam, daquelas que se você mudar um ingrediente nada de mal vai acontecer. Quero que as pessoas tenham toda a liberdade para fazer suas experiências e confesso: o universo de "uma panela só" conquistou o meu coração. Ultimamente, só penso nisso e nas suas infinitas possibilidades.

Porém, não se esqueça: o macarrão, quando cozido junto a outros ingredientes em uma panela só, leva mais tempo para atingir o ponto do que quando está sendo cozido só com água como normalmente. Esteja atento ao tempo de cocção e bom apetite!

Risoto de quinoa 126

Arroz oriental 129

*Penne al limone* com frango e espinafre 130

*Fusilli* com frango, bacon e queijo de cabra 133

Lentilha-de-puy com arroz multigrãos e atum 134

Estrogonofe de carne moída com *fusilli* 137

*Penne* com frango e brócolis 138

Frango com maçã e acelga 141

# Risoto de quinoa

Este risoto é um sucesso! Tem tudo que eu gosto: quinoa, couve-flor, ervilhas e, para completar, leva curry... bastante curry! Não sei vocês, mas eu sou uma apaixonada por curry! Acho que é um tempero muito versátil e combina com muitas coisas. Espero que gostem!

Rendimento: 4 a 6 porções

### Ingredientes

- 1½ xícara (chá) de quinoa
- 1 xícara (chá) de couve-flor em floretes
- 1 xícara (chá) de milho com ervilha (em lata)
- 1 xícara (chá) de tomate picadinho
- 1 pimenta-dedo-de-moça picadinha, sem sementes
- 1 garrafa (200 ml) de leite de coco
- 20 ml de água (ou mais, se necessário)
- cheiro-verde picadinho a gosto
- curry a gosto
- pimenta-do-reino a gosto
- sal a gosto

### Preparo

Coloque todos os ingredientes em uma panela e leve ao fogo médio. Cozinhe por aproximadamente 20 a 25 minutos e, após esse período, é só servir.

# Arroz oriental

Rendimento: 4 a 6 porções

**Ingredientes**

1½ xícara (chá) de arroz-
-basmati
1 xícara (chá) de pimentão vermelho picadinho
1 xícara (chá) de peito de frango cozido e cortado em cubinhos
1 xícara (chá) de cenoura em rodelas
½ xícara (chá) de amendoim
açafrão a gosto
coentro picadinho a gosto
1 tablete de caldo básico de legumes feito em casa (veja receita na p. 197).
400 ml de água
pimenta-do-reino a gosto
sal a gosto

**Preparo**

Coloque todos os ingredientes em uma panela e leve ao fogo. Cozinhe por aproximadamente 20 a 25 minutos, mexendo sempre. Após esse período, desligue o fogo, leve à mesa, enfeite com folhas de coentro se desejar e bom apetite!

# Penne al limone
## com frango e espinafre

Este *penne* é muito especial, é outra daquelas receitas que já nasceram clássicas. Volta e meia, eu preparo aqui em casa e todos adoram. O gostinho do limão misturado ao sabor do frango e o queijo derretido fica uma delícia. Mais *comfort food*, impossível!

Rendimento: 4 a 6 porções

### Ingredientes

- 2 colheres (sopa) de azeite de oliva
- 1 cebola média picada
- 1 peito de frango cortado em cubos pequenos
- 2 dentes de alho picados
- 2 xícaras (chá) de caldo básico de frango (veja receita na p. 195)
- 2½ xícaras (chá) de *penne*
- 3 colheres (sopa) de suco de limão
- 1 maço de espinafre
- 90 g de *cream cheese*
- ½ xícara (chá) de queijo parmesão ralado
- ½ xícara (chá) de queijo muçarela ralado
- pimenta-do-reino a gosto
- sal a gosto

### Preparo

Em uma panela, refogue no azeite a cebola picada, acrescente o frango, já temperado com o sal e a pimenta-do-reino, e o alho picadinho e deixe refogar até que a carne esteja bem corada e cozida. Então, acrescente o caldo de frango e o *penne*, mexa bastante para soltar o fundo da panela e liberar o amido da massa, pois é ele que vai deixar seu molho cremoso.

Tampe a panela e deixe cozinhar por aproximadamente 20 minutos, mexendo sempre.

Passado esse tempo, adicione o suco de limão, o espinafre, o *cream cheese*, a muçarela e o parmesão, mexendo por cerca de 3 ou 4 minutos até que tudo fique bem incorporado.

Sirva imediatamente.

**Dica:** nas receitas de uma panela só que levam macarrão, sempre reservo um pouco de água fervente, à parte, para evitar o ressecamento da receita, pois é melhor prevenir do que remediar. Assim, se necessário, acrescente um pouco de água fervendo no processo de cocção do prato.

# Fusilli com frango,
## bacon e queijo de cabra

Imaginem que combinação mais perfeita: bacon e queijo de cabra juntos na mesma receita! Essa massa é mais uma daquelas receitas práticas e gostosas, tenho certeza de que vão gostar!

Rendimento: 4 a 6 porções

### Ingredientes

- 900 g de coxas de frango desossadas, com pele
- 230 g de bacon picado
- 450 g de aspargos cortados e picados
- 1 cebola-roxa em cubos
- 4 dentes de alho picados
- 6 xícaras (chá) de caldo de frango (veja receita na p. 195)
- 1 xícara (chá) de leite
- 1 pacote de massa *fusilli*
- 250 g de queijo de cabra
- ½ xícara (chá) de tomate seco, picado
- salsa picada a gosto
- pimenta a gosto
- sal a gosto

### Preparo

Em uma panela grande em fogo médio-alto, adicione o bacon. Cozinhe até ficar crocante. Retire o bacon da panela e reserve. Deixe a gordura do bacon na panela.

Tempere o frango com sal e pimenta e coloque com a pele para baixo na panela.

Cozinhe até que a pele fique dourada e crocante. Vire e cozinhe do outro lado até que o frango esteja cozido. Retire da panela e reserve.

Adicione a cebola roxa, os aspargos e o alho à panela e cozinhe até que os aspargos estejam quase macios. Retire da panela e reserve.

Adicione o macarrão e o caldo de frango à panela. Deixe ferver e cozinhe por 9 a 12 minutos ou até o macarrão ficar al dente. Mexa ocasionalmente.

Quando a massa estiver quase macia, abaixe o fogo, acrescente o leite, o queijo de cabra, os legumes cozidos, o bacon cozido e o tomate seco. Mexa bastante para incorporar.

Adicione o frango de volta à panela. Polvilhe com salsa picada e leve à mesa imediatamente.

# Lentilha-de-puy
## com arroz multigrãos e atum

Esse é facílimo, nutritivo e muito saboroso, perfeito para manter a alimentação equilibrada.

Rendimento: 4 a 6 porções

### Ingredientes
1 xícara de lentilhas-de-puy
suco de 1 limão-taiti
2 latas de atum no óleo
1 xícara (chá) de arroz multigrãos
1 xícara (chá) de cenoura em rodelas
1 lata de tomate pelado
1 lata de água (use a lata de tomate pelado vazia como medida)
1 tablete do caldo de legumes feito em casa (veja receita na p. 197)
pimenta-do-reino a gosto
sal a gosto

### Preparo
Em uma panela, misture todos os ingredientes e cozinhe, de forma atenta para que a mistura não resseque. Se houver necessidade, adicione água fervente. Mexa ocasionalmente. Depois de 20 a 25 minutos, seu prato estará pronto.

# Estrogonofe
## de carne moída com *fusilli*

Rendimento: 4 a 6 porções

**Ingredientes**

2 colheres (sopa) de azeite de oliva extravirgem
2 xícaras (chá) de cogumelos frescos picados
2 colheres (chá) de páprica
½ xícara (chá) de cebola picada grosseiramente
2 dentes de alho picadinhos
450 g de carne moída
1 pacote (500 g) de *fusilli*
1 lata (300 g) de creme de leite
450 ml de caldo de carne feito em casa (veja a receita na p. 194)
1 colher (sopa) de amido de milho
salsa fresca a gosto
pimenta-do-reino a gosto
sal a gosto

**Preparo**

Em uma panela grande, aqueça o azeite. Adicione os cogumelos e tempere com sal e pimenta.

Acrescente a cebola e o alho. Cozinhe até as cebolas ficarem transparentes.

Adicione a carne moída e cozinhe até dourar. Misture a páprica.

Acrescente o caldo de carne e o macarrão e mexa. Tampe a panela. Cozinhe por cerca de 15 a 20 minutos, mexendo sempre.

Em fogo baixo, adicione o creme de leite, o amido de milho e mexa até engrossar. Sirva imediatamente, decorado com salsa.

# Penne com frango
## e brócolis

Rendimento: 4 a 6 porções

### Ingredientes

- 1 colher (sopa) de óleo
- 680 g de peito de frango em cubos
- 1 colher (chá) de sal temperado
- pimenta-do-reino a gosto
- 1 cebola pequena cortada em pedaços bem pequenos
- 1 brócolis de cabeça média cortado em floretes
- 6 xícaras (chá) de leite
- 1 pacote (aproximadamente 450 g) de macarrão tipo *penne*
- 1 xícara (chá) de queijo parmesão ralado
- 1 xícara (chá) de queijo muçarela ralado

### Preparo

Aqueça metade do óleo em uma panela grande. Adicione o frango, acrescente metade do sal temperado e pimenta e cozinhe.

Quando o frango estiver bem dourado e cozido, adicione o restante do óleo, a cebola e os brócolis. Refogue por cerca de 2 minutos.

Cozinhe e vá mexendo até as cebolas começarem a ficar macias.

Despeje o leite e deixe ferver. Mexa periodicamente para soltar o sabor da panela.

Quando o leite estiver borbulhando, adicione o macarrão e mexa com frequência até que ele atinja o ponto desejado (aproximadamente 10 minutos em fogo médio).

Adicione o parmesão e a muçarela. Mexa até o queijo derreter.

Prove e acerte o tempero se necessário, e sirva imediatamente.

# Frango com maçã
## e acelga

Rendimento: 4 a 6 porções

**Ingredientes**

- 680 g de coxas de frango sem ossos e sem pele
- 2 colheres (sopa) de tomilho fresco picado
- 1 colher (sopa) de óleo vegetal
- 1 maço pequeno de acelgas cortadas em tirinhas
- 1 maçã fatiada
- ½ cebola-roxa fatiada
- 1 dente de alho picado
- 2 colheres (chá) de vinagre balsâmico branco
- 2 colheres (chá) de açúcar mascavo
- ⅓ xícara (chá) de nozes torradas e picadas
- pimenta-do-reino a gosto
- sal a gosto

**Preparo**

Tempere as coxas de frango com o tomilho, o sal e a pimenta-do-reino. Coloque o óleo em uma frigideira grande e frite as coxas de frango por 4 a 5 minutos de cada lado.

Na mesma frigideira, adicione a acelga, a maçã, a cebola e o alho. Cozinhe por aproximadamente 5 a 6 minutos.

Adicione o vinagre balsâmico e o açúcar mascavo. Tempere com sal e pimenta-do-reino e finalize com as nozes picadas.

# Doces

### e bolos

Pudim de doce de leite 144

Pudim de leite com coco queimado 147

Cookie de chocolate 148

Pavlova 151

Tarte de peras e mel 152

Bolo de chocolate e doce de leite da Carlota 155

Bolo de milho cremoso 156

Bolo de limão-siciliano 158

# Pudim
## de doce de leite

Rendimento: 8 porções

### Ingredientes

**Caramelo:**
300 g de açúcar
35 ml de água

**Creme:**
250 g de doce de leite
½ l de leite
4 ovos
1 colher (chá) de amido de milho
150 ml de caramelo

### Preparo

**Caramelo:**
   Em uma panela média, queime o açúcar e adicione a água aos poucos.
   Deixe ferver até o ponto de fio (leve). Coloque o caramelo em uma forma, untando as laterais.

**Creme:**
   Bata os ingredientes no liquidificador e retire o excesso de espuma.
   Despeje na forma e cozinhe em banho-maria no forno baixo, a 150 °C, por cerca de 1h30.

   **Dica:** esse pudim demora bastante tempo no forno. Tenha paciência e, se necessário, espete um palitinho no meio da forma para ver se já está cozido. Por favor, espere estar completamente frio para desenformar. Vale a pena a espera!

Doces e bolos

# Pudim de leite
## com coco queimado

Eu não sou muito de doce, mas confesso que não resisto a uma receita de pudim! Tenho várias receitas de pudins feitos e preparados das mais variadas formas, e sempre sinto prazer ao experimentar uma receita nova. Este pudim é muito gostoso! Espero que gostem!

Rendimento: 8 porções

### Ingredientes

- 1⅓ xícara (chá) de açúcar
- ¾ de xícara (chá) de coco queimado
- 3 xícaras (chá) de leite
- 1 colher (chá) de essência de baunilha
- 4 ovos
- manteiga para untar
- tiras de coco fresco para decorar (opcional)

### Preparo

Em uma panela, leve ao fogo médio ⅔ de xícara (chá) de açúcar, mexendo até caramelizar. Distribua o caramelo entre 8 *ramequins* com capacidade para ½ xícara (chá), untados com manteiga e polvilhados com ½ xícara (chá) de coco queimado.

Em outra panela, leve ao fogo o leite com o açúcar restante até levantar fervura. Junte a baunilha.

Em uma tigela, bata ligeiramente os ovos. Acrescente aos poucos o leite fervente, mexendo até obter uma mistura homogênea. Distribua a massa entre os *ramequins* e leve ao forno moderado, preaquecido a 180 °C, em banho-maria por 1 hora ou até que, ao inserir a ponta da faca no pudim, ela saia limpa.

Deixe esfriar e leve à geladeira por 4 horas.

Após esse período, desenforme os pudins e sirva decorados com o coco fresco e o restante do coco queimado.

# Cookie de chocolate

Rendimento: 8 unidades

**Ingredientes**

- ½ xícara (chá) de açúcar refinado
- ¾ de xícara (chá) de açúcar mascavo
- 1 colher (chá) de sal
- ½ xícara (chá) de manteiga derretida
- 1 ovo
- 1 colher (chá) de extrato de baunilha
- 1¼ de xícara (chá) de farinha de trigo
- ½ colher (chá) de bicarbonato de sódio
- 115 g de chocolate ao leite ou meio amargo em pedaços
- 115 g de chocolate amargo em pedaços

**Preparo**

Em uma tigela grande, usando um *fouet*, bata os açúcares, o sal e a manteiga até formar uma pasta, sem empelotar. Acrescente o ovo e a baunilha e bata até obter uma textura cremosa e aveludada. Peneire a farinha de trigo e o bicarbonato sobre a massa e misture delicadamente com uma espátula. Adicione os pedaços de chocolate e leve à geladeira por, no mínimo, 1 hora. Para um sabor mais intenso de caramelo e uma cor mais forte, deixe a massa na geladeira durante a noite.

Preaqueça o forno a 180 ºC. Forre uma assadeira com papel-manteiga.

Com uma colher de sorvete, distribua bolas da massa na assadeira, deixando um espaço de uns 10 cm entre cada uma e de 5 cm para as laterais da assadeira, para que os *cookies* possam crescer.

Asse por 7 a 10 minutos (dependendo do tamanho dos seus *cookies*), ou até que as bordas comecem a dourar. Deixe esfriar completamente antes de servir.

# Pavlova

Essa receita de *pavlova* é ótima! Quem me ensinou foi a chef Carol Fiorentino, disse que essa é a sua receita de família, pois parabéns à família Fiorentino! Essa receita realmente é um sucesso! Aqui em casa, ao contrário de todas as regras, sirvo a *pavlova* quente. Adoro a cremosidade do chantilly gelado e das frutas com o calor morno e crocante do suspiro. Mas tem que servir imediatamente, senão o chantilly derrete.

Rendimento: 8 porções

## Ingredientes

**Suspiro:**
6 claras de ovo
350 g de açúcar refinado
1 colher (chá) de vinagre de vinho branco
1 colher (chá) de amido de milho

**Chantilly:**
500 ml de creme de leite fresco
200 ml de iogurte
frutas de sua preferência, a gosto
hortelã a gosto para decorar

## Preparo

**Suspiro:**
Preaqueça o forno à 160 ºC.
Bata as claras em neve, adicionando o açúcar em colheradas, até formar um creme brilhante com picos de neve.
Misture o amido com o vinagre até que ele dissolva. Acrescente-o nas claras em neve e misture.
Coloque na forma com papel-manteiga no tamanho desejado.
Com uma colher, faça o acabamento nas laterais.
Leve ao forno por 1 hora, desligue e deixe mais 1 hora no forno desligado, para secar.

**Chantilly:**
Bata o creme de leite até ficar espesso e misture com o iogurte.
Para montar, espalhe o chantilly sobre o suspiro e decore com as frutas de sua preferência. Dependendo do tamanho do seu suspiro, você pode intercalar camadas de suspiro com chantilly, e decorar com mais uma camada de chantilly e frutas.

# Tarte de peras
## e mel

Essa receita é surpreendente! Bem francesa e clássica, consegue ser bonita e muito saborosa ao mesmo tempo, não ser muito doce, o que pra mim é importante.
Eu diria que essa é a receita da torta perfeita: macia, bonita e perfumada.
Tenho certeza de que vai gostar!

Rendimento: 6 a 8 porções

## Ingredientes

**Recheio:**
60 g de mel
250 g de peras em conserva
2 ovos
1 colher (chá) de amido de milho ou de batata
40 g de açúcar
125 ml de natas
açúcar de confeiteiro para polvilhar

**Massa:**
150 g de farinha sem fermento
1 colher (sopa) de açúcar granulado fino
75 g de manteiga sem sal cortada em cubos
1 ovo levemente batido
1 gota de extrato ou essência de baunilha

## Preparo

**Recheio:**
Aqueça o mel em um tacho até começar a ficar escuro. Escorra as peras em conserva, guardando o líquido, e corte-as em cubos de 1 cm. Envolva-as com o mel caramelizado. Bata os ovos com o amido de milho, o açúcar e as natas e reserve.

**Massa:**
Preaqueça o forno a 200 °C. Para fazer a massa, peneire a farinha para dentro de uma tigela grande, junte o açúcar e incorpore os cubos de manteiga, esfregando com as pontas dos dedos até obter uma mistura semelhante à de migalhas de pão. Agite a tigela para verificar se a manteiga está bem distribuída e faça uma cova no centro da mistura. Deite o ovo e a baunilha na cova e use os dedos para arrastar os ingredientes secos na direção do líquido, até que uma massa comece a se formar. Junte um pouco de água, se necessário. Forme uma

**Preparo (cont.)** bola. Não manuseie por muito tempo ou a massa ficará dura. Cubra com uma película de plástico e deixe descansar no congelador por 20 minutos.

Passado esse tempo, estenda a massa sobre uma superfície enfarinhada até obter uma espessura de 3 mm e forre uma forma de *tarte* baixa (18 cm a 20 cm) com o fundo removível. Cubra com um círculo de papel-vegetal e encha a forma com feijão ou arroz, para fazer peso. Coloque por 5 minutos no congelador e, em seguida, por 10 minutos no forno. Retire os feijões ou arrozes e o papel e espalhe os pedaços de pera sobre o fundo, guardando o mel que sobrar. Cubra com a mistura de ovos e nata e leve novamente ao forno. Passados 12 minutos, reduza a temperatura para 170 °C e cozinhe por mais 25 minutos.

Ferva o mel com o líquido das peras até obter uma consistência de xarope e pincele a superfície da *tarte* com a mistura. Polvilhe com açúcar de confeiteiro antes de servir.

Doces e bolos

# Bolo de chocolate
## e doce de leite da Carlota

Se vocês ainda não conhecem a chef Carla Pernambuco, precisam conhecê-la imediatamente. Ela é responsável por pratos magníficos que carrego comigo como boas lembranças mesmo depois de vários anos. É daquelas que é boa tanto no sal quanto no doce!

Rendimento: 8 porções

### Ingredientes

**Massa:**
- 6 gemas
- 2 xícaras (chá) de açúcar
- ½ xícara (chá) de óleo
- 1 xícara (chá) de água morna
- 1 xícara (chá) de chocolate 50% cacau
- ½ xícara (chá) de chocolate 100% cacau
- 2½ xícaras (chá) de farinha de trigo
- 1 colher (sopa) de fermento em pó
- claras em neve de 5 ovos
- manteiga suficiente para untar a forma

**Calda:**
- 6 colheres (sopa) de chocolate 50% cacau
- 1 xícara (chá) de creme de leite
- ½ xícara (chá) de leite

**Recheio:**
- 500 g de doce de leite
- 150 g de creme de leite (ou um pouco mais, se necessário)
- 4 colheres (sopa) de chocolate 50% cacau
- 300 g de chocolate meio amargo derretido
- raspas de chocolate para decorar

### Preparo

**Massa:**
Bata as gemas com o açúcar até que elas virem uma gemada, então acrescente o óleo e a água morna.
Continue batendo em velocidade média e acrescente os dois tipos de chocolate. Em seguida, adicione a farinha e o fermento.
Coloque as claras e agregue com um *fouet*.
Unte uma assadeira com manteiga e chocolate 50% cacau.
Asse em 180 °C por 40 minutos ou até espetar um palito na massa e ele sair limpo.

**Calda:**
Leve todos os ingredientes ao fogo até levantar fervura. Desligue e deixe esfriar.

**Recheio:**
Bata na batedeira o creme de leite, o doce de leite e o chocolate 50% cacau. Em seguida, acrescente o chocolate derretido. Leve à geladeira para firmar.

**Montagem:**
Após desenformar o bolo (já em temperatura ambiente), corte-o ao meio e espalhe o recheio de doce de leite na superfície da base. Feche-o de volta e jogue a calda por cima. Use as raspas de chocolate para decorar, se desejar.

# Bolo de milho cremoso

Este bolo é simplesmente incrível! Cremoso e muito perfumado, é perfeito para um final de tarde, acompanhado de um cafezinho bem quente. Eu sou daquelas que gosta de comer bolo quando ainda está quente, e esse bolo quentinho é ainda mais cremoso!

Rendimento: 6 a 8 porções

### Ingredientes

- 1 lata de milho ou milho fresco de 4 espigas cozidas
- 1 lata de leite condensado
- 220 ml de leite de coco
- ½ xícara (chá) de coco ralado (opcional)
- 4 ovos
- ½ lata de óleo de milho ou de girassol (use a lata de milho para medir o óleo)
- 10 colheres (sopa) de milharina (flocos de milho pré-cozidos)
- ½ xícara (chá) de açúcar
- 1 colher (sopa) de fermento em pó
- manteiga em temperatura ambiente para untar
- açúcar cristal para untar

### Preparo

Preaqueça o forno a 180 °C.

Bata todos os ingredientes no liquidificador.

Unte uma forma com manteiga em temperatura ambiente e açúcar cristal e despeje a mistura.

Asse por cerca de 40 a 45 minutos. No final desse período, deixe esfriar por uns 5 minutos e desenforme. O bolo estará pronto para servir.

# Bolo de limão-siciliano

Este bolo, além de lindo, é muito especial. O sabor do iogurte traz uma acidez muito particular à massa. O glacê e as lascas de casca de limão caramelizadas são a decoração perfeita para esse bolo, simples e sofisticado ao mesmo tempo.

Rendimento: 8 porções

## Ingredientes

**Raspa adocicada:**
raspas da casca de 2 limões-sicilianos
200 g de açúcar
200 ml de água

**Massa:**
175 g de manteiga sem sal em temperatura ambiente
175 g de açúcar peneirado
3 ovos grandes
raspas de 1 limão-siciliano (ou mais, se desejar)
250 g de farinha de trigo
1 colher (sopa) de fermento químico
½ colher (chá) de sal
100 g de iogurte grego

**Glacê:**
suco de 3 limões-sicilianos
400 g de açúcar de confeiteiro

## Preparo

**Raspa adocicada:**
   Com um descascador de vegetais, retire a casca de 2 limões em tiras largas e compridas, com cuidado para não tirar a parte branca, para não amargar. Com uma faca afiada, corte as tiras grossas em tiras fininhas.
   Em uma panela pequena, aqueça o açúcar e a água em fogo médio até que o açúcar se dissolva. Acrescente as raspas de limão e deixe em fervura branda por 15 minutos. Retire as raspas com uma escumadeira e escorra-as no papel-toalha. Reserve para decorar o bolo.

**Massa:**
   Aqueça o forno a 180 °C. Unte com manteiga e açúcar uma forma de fundo removível de 18 cm de diâmetro.
   Bata a manteiga e o açúcar na batedeira até a mistura ficar cremosa e clara. Acrescente os ovos, um por vez, batendo bem após cada adição, e acrescente a raspa de limão. Misture a farinha, o fermento, o sal e o iogurte. Bata somente até que os ingredientes estejam incorporados (a massa fica bem espessa).
   Com uma colher, coloque a massa do bolo na forma e alise o topo com uma espátula. Asse no centro do forno por cerca de 50 a 55 minutos, até que o bolo fique bem dourado em cima e

Doces e bolos

**Preparo (cont.)**

firme ao toque. Deixe esfriar na forma por 10 minutos. Desenforme e coloque sobre uma grade, para esfriar completamente.

**Glacê:**

Peneire os 400 g de açúcar de confeiteiro em uma tigela e, com um *fouet*, bata o suco de limão até criar uma calda grossa (cuidado, acrescente o suco de limão aos poucos para que sua calda não fique muito líquida). Arrume o bolo num prato alto e despeje a calda por cima, deixando-a escorrer um pouco dos lados.

Para finalizar, enfeite com as raspas de limão adocicadas.

# Drinques

Sou apaixonada por drinques e percebo que o público também gosta bastante. Não é para menos: eles são coloridos, divertidos, surpreendentes e são, sem dúvida, o menor caminho entre aqui e qualquer lugar. Aqui em casa gosto de fazer porções generosas, sirvo em jarras grandes como se fossem jarras de refrescos. Acho um charme e assim fica mais divertido.

Lolita  162

Embaixador 165

Michelada 166

Enoteca Spritz 169

Dark and Stormy 170

Ginger Ale caseiro 173

Drinque de manga 174

Dirty Vodca Martíni 177

Chá gelado de pêssego e hortelã 178

Chá gelado de romã e limão 181

Chá gelado de maracujá 182

Sparkler de hortelã, limão e gengibre 185

*Smash* de frutas vermelhas com manjericão 186

Drinque de cenoura com cardamomo 189

Sour Cherry Fizz 190

# Lolita

Rendimento: 1 drinque

Ingredientes
20 ml de tequila
10 ml de suco de limão
1 colher (chá) de mel
2 gotas de angostura *bitter*

Preparo
Misture todos os ingredientes em uma coqueteleira com gelo.
Coe em um copo gelado e adicione duas pedras de gelo.
Decore com uma rodela bem fina de limão.

# Embaixador

Rendimento: 1 drinque

**Ingredientes**
60 ml de tequila
30 ml de *maple syrup*
suco de 1 laranja
uma fatia fina de laranja

**Preparo**
Encha um copo com gelo.
Coloque a tequila e o *maple syrup* e complete com o suco de laranja.
Misture delicadamente até gelar o copo.
Coloque a fatia de laranja entre as pedras de gelo e sirva.

# Michelada

Rendimento: 2 drinques

**Ingredientes**

sal marinho o suficiente para decorar as bordas dos copos
suco de ½ limão (reserve a outra metade)
fatias de limão para servir
330 ml de cerveja gelada Pilsen ou Pale Lager, de preferência mexicana
uma pitada de pimenta-caiena ou uma pimenta-dedo-de-moça

**Preparo**

Coloque o sal em uma tigela pequena formando uma camada de aproximadamente 1 cm de altura. Esfregue a metade reservada de limão ao redor da borda de dois copos altos de cerveja gelados e mergulhe as bordas na tigela de sal para recobri-las.

Encha os copos com cerveja até a metade. Adicione o suco de limão e complete com gelo. Mexa com uma colher bailarina e sirva com a pimenta e uma fatia bem fina de limão.

Drinques

# Enoteca Spritz

Rendimento: 1 drinque

**Ingredientes**
60 ml de *prosecco*
30 ml de aperol
15 ml de vermute doce
½ fatia fina de laranja
*club soda* a gosto, para servir (opcional)

**Preparo**
Encha ¾ de um copo de 250 ml com gelo. Adicione o *prosecco*, o aperol, o vermute e mexa. Coloque a fatia de laranja por cima e complemente com *club soda* a gosto, se desejar.

# Dark and Stormy

Rendimento: 1 jarra

**Ingredientes**

**Calda de gengibre:**
75 g de gengibre
250 g de açúcar refinado
125 ml de suco de limão-
 -siciliano
15 g de mel fino
½ pimenta-dedo-de-moça
 sem semente
500 ml de água

**Drinque:**
180 ml de rum ouro
1 xícara (chá) bem cheia de
 folhas de hortelã
2 limões-sicilianos cortados
 em fatias
água tônica a gosto
gelo a gosto

**Preparo**

Para a calda de gengibre: bata todos os ingredientes no liquidificador até misturar bem. Coe com um pano fino e leve à geladeira até a hora de fazer o drinque. A calda rende 1 litro.

Coloque 250 ml da calda de gengibre em uma jarra e adicione o rum, a hortelã e o limão. Misture com uma colher bailarina. Coloque bastante gelo e água tônica a gosto, sirva.

Drinques

# Ginger Ale caseiro

Rendimento: 1 drinque

**Ingredientes**
- 1 xícara (chá) de gengibre fresco ralado
- 1 xícara (chá) de açúcar
- 2 xícaras (chá) de água
- 1 limão-siciliano (raspas e suco)
- 50 ml de vodca
- 250 ml de água tônica

**Preparo**

Em uma panela, coloque o gengibre, o açúcar, a água e o suco e as raspas do limão-siciliano e deixe ferver.

Reduza entre 20 a 25 minutos, até obter um xarope.

Deixe esfriar.

Em um copo com gelo, coloque o xarope, a vodca e complete com água tônica.

# Drinque de manga

Rendimento: 1 drinque

**Ingredientes**
300 g de manga madura
2 ramos de alecrim
50 ml de vodca
1 colher (sopa) de suco de limão
açúcar a gosto
gelo a gosto

**Preparo**
Processe a manga com o suco de limão.
Em uma coqueteleira, coloque as folhas de alecrim com um pouco de açúcar e macere.
Junte a manga com o limão, a vodca e o gelo e agite bem.
Sirva decorando com alecrim.

Drinques

# Dirty Vodca Martíni

Rendimento: 2 drinques

**Ingredientes**
150 ml de vodca
50 ml de vermute seco
50 ml de água de azeitona
1 xícara de cubos de gelo
4 azeitonas

**Preparo**

Encha as taças de martíni de gelo para que fiquem bem geladas e "suje" com um pouquinho de vermute.

Em uma coqueteleira com gelo, misture a vodca com a água das azeitonas e um toque de vermute, se desejar.

Bata bem a mistura e coe nas taças de martíni vazias, já geladas.

Decore com duas azeitonas em cada taça e sirva em seguida.

# Chá gelado
## de pêssego e hortelã

Rendimento: 1 jarra

**Ingredientes**

- 4 a 6 saquinhos de chá verde
- 8 xícaras (chá) de água
- 4 pêssegos maduros sem semente e cortados em pedaços de 1 cm
- 1 maço pequeno de hortelã
- *maple syrup* a gosto (opcional)

**Preparo**

Em uma chaleira, ferva a água. Coloque os saquinhos de chá em uma garrafa térmica. Adicione a água fervente, tampe e deixe em infusão por 10 minutos. Retire, descarte os saquinhos e deixe o chá esfriar até que atinja a temperatura ambiente.

Transfira o chá para uma jarra. Adicione então o pêssego e a hortelã e misture. Adoce com *maple syrup* a gosto, se quiser, e deixe na geladeira até servir.

Drinques

# Chá gelado
## de romã e limão

Rendimento: 1 jarra

**Ingredientes**
- 6 a 8 saquinhos de chá verde
- 8 xícaras (chá) de água
- 2 xícaras (chá) de suco de romã sem açúcar
- ¼ de xícara (chá) de *maple syrup*
- 3 limões cortados em fatias finas

**Preparo**

Em uma chaleira, ferva a água. Coloque os saquinhos de chá em uma garrafa térmica. Adicione a água fervente, tampe e deixe em infusão por 10 minutos. Retire, descarte os saquinhos e deixe o chá esfriar até que atinja a temperatura ambiente.

Transfira o chá para uma jarra. Adicione então o suco de romã e a *maple syrup* e misture.

Acrescente o limão e deixe na geladeira até servir.

# Chá gelado
## de maracujá

Rendimento: 1 jarra

**Ingredientes**

3 saquinhos de chá verde
8 xícaras (chá) de água
700 ml de suco de maracujá
amoras ou groselhas a gosto, para decorar

**Preparo**

Em uma chaleira, ferva a água. Coloque os saquinhos de chá em uma garrafa térmica. Adicione a água fervente, tampe e deixe em infusão por 10 minutos. Retire e descarte os saquinhos e deixe que o chá atinja a temperatura ambiente.

Transfira o chá para uma jarra. Quando esfriar, adicione o suco de maracujá, misture e deixe na geladeira até servir.

Decore com amoras ou groselhas.

Drinques

# Sparkler de hortelã,
## limão e gengibre

Rendimento: 1 jarra

**Ingredientes**

- 1 gengibre fresco em fatias finas
- ¼ de xícara de folhas de hortelã frescas
- ¼ de xícara de suco de limão
- 700 ml de cerveja de gengibre
- 240 ml de água com gás
- 1 limão em rodelas, para decorar

**Preparo**

Em uma tigela grande, misture algumas fatias de gengibre, as folhas de hortelã frescas e o suco de limão. Junte a cerveja de gengibre. Coe em uma jarra, pressionando os sólidos. Misture com a água com gás. Sirva sobre gelo com rodelas de limão, mais fatias de gengibre e folhas de hortelã.

# Smash de frutas
## vermelhas com manjericão

Rendimento: 1 jarra

**Ingredientes**

2 ameixas-vermelhas sem caroço, em fatias finas
1 xícara (chá) de amoras
¾ de xícara (chá) de folhas de manjericão
3 colheres (sopa) de açúcar
950 ml de refrigerante de limão
ramos de manjericão a gosto para decorar
frutas vermelhas a gosto para decorar

**Preparo**

Em uma tigela, misture as ameixas vermelhas, as amoras, as folhas frescas de manjericão e o açúcar até que as frutas se desmanchem. Adicione o refrigerante de limão e misture bem. Coe em uma jarra, pressionando os sólidos. Sirva com gelo, frutas vermelhas e raminhos de manjericão.

Drinques

# Drinque de cenoura
## com cardamomo

Rendimento: 1 drinque

### Ingredientes

**Xarope de cardamomo:**
8 vagens de cardamomos-verdes
½ xícara (100 ml) de leite de coco
½ xícara (60 ml) de água muito quente

**Drinque:**
½ xícara (60 ml) de suco fresco de cenoura
1 colher de sopa (15 ml) de suco de limão-siciliano
1 colher de sopa (15 ml) de suco fresco de limão
brotos de ervilha, para enfeitar

**Dica:** neste drinque vai xarope de cardamomo, que requer dias para ficar pronto. Então, necessariamente você precisará de duas etapas para fazê-lo.

### Preparo

**Xarope de cardamomo:**
Aqueça uma panela pequena em fogo médio. Adicione as vagens de cardamomo e cozinhe até tostar e perfumar, por 1 a 2 minutos. Adicione à panela o leite de coco e ¼ de xícara de água bem quente e leve para ferver. Mexa por 1 minuto. Retire do fogo e deixe em infusão por 2 horas. Despeje a mistura em uma tigela pequena através de uma peneira de arame fino; descarte os sólidos. Cubra e leve à geladeira por até 2 semanas.

**Drinque:**
Para fazer um coquetel, misture em uma coqueteleira o suco de cenoura, 2 colheres (sopa) de xarope de cardamomo, suco de limão e suco de limão-siciliano. Adicione 5 cubos de gelo. Cubra com a tampa e agite vigorosamente durante 5 segundos. Coe a bebida em um copo de coquetel com gelo. Enfeite com um broto de ervilha.

# Sour Cherry Fizz

Rendimento: 1 drinque

**Ingredientes**

- 2 colheres (sopa) de creme de leite fresco (30 g)
- 1½ colher (sopa) de geleia de cereja (75 g)
- 1 colher (sopa) de suco de limão
- 1½ colher (sopa) de *maple syrup* puro (15 ml)
- 1 clara de ovo pasteurizada grande
- 1 a 3 colheres (sopa) de *club soda*

**Preparo**

Misture em uma coqueteleira o creme de leite, a geleia de cereja, o suco de limão, o *maple syrup* e a clara de ovo. Cubra com a tampa e agite vigorosamente por 20 segundos. Adicione gelo, cubra e agite por mais 20 segundos. Coe em um copo longo. Complete despejando lentamente a *club soda*. Este movimento faz com que a bebida borbulhe e as borbulhas cheguem até a borda do copo. Sirva imediatamente.

# Receitas básicas

Caldo básico de carne 194

Caldo básico de frango 195

Caldo básico de peixe 196

Caldo básico de legumes 197

Cubinhos de legumes caseiros 201

*Pâte brisée* (massa podre salgada) 202

Pão básico (*pâte à pain*) 205

# Caldo básico
## de carne

Rendimento: 2 formas de gelo

**Ingredientes**
4 l de água
300 g de rabada ou músculo
2 coxas de frango com a pele
1 cebola média
2 cenouras
1 talo de alho-poró
2 ramos de erva-doce
2 talos de salsão
2 ramos de alecrim
2 folhas de louro

**Preparo**
Coloque os 4 litros de água em uma panela, junte a carne e as coxas de frango.
Corte os legumes em pedaços grandes.
Junte os legumes na panela com as carnes, acrescente as ervas, tampe a panela e deixe ferver. Assim que levantar fervura, abaixe o fogo e cozinhe por cerca de 2h30 ou até o caldo se reduzir pela metade.
Coe e deixe esfriar.
Despeje em formas de gelo e congele para usar depois nas suas receitas. Cada cubinho da forma de gelo tem aproximadamente 30 ml.

Receitas básicas

# Caldo básico
## de frango

Rendimento: 1 forma de gelo

**Ingredientes**

1,5 l de água
500 g de ossos de frango
1 cenoura
100 g de cebola
1 talo de salsão
1 dente de alho
½ alho-poró
1 cravo
1 ramo de tomilho
1 ramo de louro
1 ramo de alecrim
1 ramo de erva-doce
barbante de cozinha
pimenta branca em grãos
   a gosto

**Preparo**

Branqueie os ossos, colocando-os em água fervente por exatos 2 minutos. Neste tempo, com uma escumadeira, não deixe de retirar a espuma que se formar sobre a água. Ao final dos 2 minutos, retire os ossos e interrompa a cocção deles, colocando gelo ou os levando rapidamente à geladeira.

Corte os legumes em pedaços grandes e reserve.

Junte as ervas em um bouquet garni, ou seja, faça um buquê com o tomilho, o louro, o alecrim e a erva-doce e os amarre com o barbante.

Em uma panela, adicione o litro e meio de água, os ossos já branqueados, o bouquet garni e todos os demais ingredientes e tampe a panela. Assim que levantar fervura, abaixe o fogo e cozinhe por cerca de 3 horas ou até o caldo se reduzir pela metade.

Coe e deixe esfriar.

Despeje em formas de gelo e congele para usar depois nas suas receitas. Cada cubinho da forma de gelo tem aproximadamente 30 ml.

# Caldo básico
## de peixe

Rendimento: 2 formas de gelo

**Ingredientes**

4 l de água
1 pedaço de carcaça de peixe
1 cabeça grande de peixe
2 cenouras
1 alho-poró
1 talo de salsão com as folhas
1 batata
1 cebola
1 casquinha de limão-siciliano
2 folhas de louro
1 ramo de tomilho
1 talo de erva-doce com as folhas

**Preparo**

Em uma panela funda, adicione a água, a cabeça e os pedaços da carcaça do peixe.

Corte os legumes grosseiramente e acrescente na panela. Acrescente o tomilho, as folhas de louro, a erva-doce e a casquinha de limão-siciliano.

Deixe ferver até reduzir pela metade, por cerca de 2h30 (dependendo da potência do seu fogão).

Coe, descarte os sólidos e reserve o líquido. Está pronto o seu caldo de peixe. Congele em formas de gelo para facilitar o armazenamento e usar depois em suas receitas. Cada cubinho da forma tem cerca de 30 ml.

**Dica:** se preferir, retire as guelras e os olhos da cabeça do peixe para o caldo não ficar com um gosto tão forte. Você também pode acrescentar cascas de camarão ou lagosta se quiser dar um toque especial.

Receitas básicas

# Caldo básico
## de legumes

Rendimento: 2 formas de gelo

**Ingredientes**
- 4 l de água
- 1 batata
- 1 talo de alho-poró
- 2 tomates maduros
- 1 cebola média
- 2 cenouras
- 2 ramos de erva-doce
- 2 raminhos de alecrim
- 1 raminho de tomilho
- 1 casquinha de limão-siciliano
- 2 folhas de louro

**Preparo**

Lave bem os legumes e corte todos grosseiramente.

Em uma panela, coloque os legumes e os temperos. Adicione a água e leve ao fogo alto. Quando começar a ferver, abaixe o fogo e deixe cozinhar por 2h30, ou deixe o caldo reduzir pela metade.

Desligue o fogo e deixe esfriar.

Coe o caldo e coloque em forminhas de gelo para facilitar o armazenamento e usar depois nas suas receitas. Cada cubinho da forma de gelo tem aproximadamente 30 ml.

Receitas básicas

# Cubinhos de legumes
## caseiros

Esta é uma receita italiana que provavelmente passou de mãe para filha ao longo de vários anos. Desde que aprendi a fazer cubinhos de legumes em casa, nunca mais comprei os industrializados. Espero que gostem!

Rendimento: 12 cubinhos

**Ingredientes**

500 g de legumes mistos, conforme abaixo:
 1 abobrinha
 2 cenouras
 1 batata pequena
 1 talo de aipo
 ½ cebola
1 colher de sopa de azeite extravirgem
150 g de sal

**Preparo**

Em uma frigideira, coloque os 500 g de legumes já limpos e cortados.

Adicione uma colher de sopa de azeite extravirgem. Leve ao fogo e deixe refogar por cerca de 10 minutos, mexendo sempre.

Adicione 150 g de sal e continue cozinhando por 10 minutos.

Ao final deste período, leve a mistura para outro recipiente e triture com um *mixer*. Despeje a massa na frigideira novamente e deixe-a secar por cerca de 5 minutos, mexendo constantemente.

Quando estiver bem sequinha, espalhe a massa sobre uma folha de papel de forno. Com uma colher, dê uma forma achatada retangular e coloque no congelador por pelo menos 12 horas.

Depois desse tempo, corte com uma faca os cubinhos de legumes caseiros e os armazene intercalados por pedaços de papel-manteiga, para que não grudem.

# Pâte brisée

## (massa podre salgada)

Rendimento: massa para 1 torta

### Ingredientes

- 1¼ de xícara (chá) de farinha de trigo
- 7 colheres (sopa) de manteiga sem sal gelada em pedacinhos
- uma pitada de sal
- 3 colheres (sopa) de água gelada

### Preparo

No processador de alimentos, coloque 1 xícara (chá) de farinha, a manteiga e o sal. Processe até que a mistura pareça uma farofa, por cerca de 10 segundos. Junte a água gelada e pulse até que a massa comece a se unir, aproximadamente de 6 a 8 vezes. Não deixe formar uma bola.

Coloque a massa entre duas folhas de papel-manteiga. Achate-a de modo a formar uma rodela. Se parecer muito grudenta, junte mais farinha de trigo, 1 colher (sopa) por vez.

Leve a rodela de massa entre as folhas de papel-manteiga à geladeira por, no mínimo, 1 hora. Depois desse período, ela estará pronta para ser utilizada.

Receitas básicas

203

Receitas básicas

# Pão básico
## (*pâte à pain*)

Rendimento: 500 g de pão

**Ingredientes**

1 xícara (chá) de água morna
1 colher (sopa) de fermento biológico granulado ou 1 tablete (15 g) de fermento para pão
2¼ a 2½ xícaras (chá) de farinha de trigo
uma pitada de açúcar
1 colher (de chá) de sal

**Preparo**

Em uma tigela grande, misture a água, o fermento, 1 xícara (de chá) de farinha e uma pitada de açúcar. Mexa até misturar. Cubra e deixe descansar por cerca de 5 minutos.

Quando a mistura estiver espumosa, junte o sal e comece a acrescentar a farinha, colher (sopa) por colher, enquanto mexe com uma colher de pau.

Coloque a massa em uma superfície enfarinhada e comece a amassar, juntando mais farinha, pouco a pouco, se ela estiver grudenta. Amasse até que fique lisa e brilhante, por cerca de 10 minutos.

Coloque a massa em uma tigela grande. Cubra e deixe-a crescer em temperatura ambiente, até que dobre de volume. Isso pode levar aproximadamente 1 hora.

Passado este tempo, a massa está pronta para ser utilizada. Se for guardá-la, coloque-a em um recipiente com boa vedação e leve à geladeira.

# Índice de receitas

### A
Arroz oriental 129
Asas de frango com *lemon pepper* 41
Asinhas de frango na grelha com espigas de milho 34

### B
Bacalhau à Brás 73
Bacalhau assado com batatas ao murro 57
Batatas com *bouquet garni* 84
Bolinho de risoto ou arancini 118
Bolo de chocolate e doce de leite da Carlota 155
Bolo de limão-siciliano 158
Bolo de milho cremoso 156
Bouillabaisse 50

### C
Caldo básico de carne 194
Caldo básico de frango 195
Caldo básico de legumes 197
Caldo básico de peixe 196
Carpaccio de abobrinha 18
Carpaccio de atum 17
Carpaccio de peixe branco 16
*Cartoccio* de salmão 102
Chá gelado de maracujá 182
Chá gelado de pêssego e hortelã 178
Chá gelado de romã e limão 181
Chester assado 70

*Conchiglione* recheado com ricota e folhas verdes 122
*Cookie* de chocolate 148
Costela de boi ao forno 65
Cozido de carne com vinho tinto e batatas 60
Cubinhos de legumes caseiros 201

### D
Dark and Stormy 170
Dirty Vodca Martíni 177
Drinque de cenoura com cardamomo 189
Drinque de manga 174

### E
Embaixador 165
Enoteca Spritz 169
Estrogonofe (o mais delicioso!) 63
Estrogonofe de carne moída com *fusilli* 137

### F
*Farfalle* com bacalhau, brócolis e azeitonas pretas 89
Farofa de pão e azeitonas 83
Filé de frango com ervas na manteiga 37
Filé-mignon ao molho de mostarda 59
Filé Wellington 75
Fraldinha com molho de manteiga e alho 64
Frango à moda do Périgord 46
Frango assado com bacon na cerveja e batatas coradas 90

## Índice

Frango com cebola-roxa ao vinagre de
    vinho tinto e cuscuz marroquino 92
Frango com laranja, alecrim e alho 42
Frango com maçã e acelga 141
Frango com mostarda 45
Frango refogado com *pesto* de espinafre 38
*Fusilli* com frango, bacon e queijo
    de cabra 133

### G

Ginger Ale caseiro 173

### L

Lentilha-de-puy com arroz multigrãos
    e atum 134
Lolita 162
Lombo recheado com tomates secos
    e gorgonzola 74

### M

Michelada 166

### P

Pão básico (pâte à pain) 205
Pão de cebola, anchova e azeitona
    preta 49
*Pâte brisée* (massa podre salgada) 202
Pavlova 151
*Penne al limone* com frango
    e espinafre 130
*Penne* com frango e brócolis 138
Peru recheado 98
Pudim de doce de leite 144
Pudim de leite com coco queimado 147
Pudim natalino 104

### R

Rabanada 106
*Ratatouille* assado 86
*Rigatoni* com linguiça calabresa
    moída, muçarela de búfala e molho
    de tomate 79
*Rigatoni* com molho de tomate picante
    e linguiça de frango 121
Risoto de abóbora-cabotiá e camarão 114
Risoto de beterraba 113
Risoto de quinoa 126
Risoto de tomate 110
Risoto primavera 117
Rosbife com couve-flor grelhada
    ao curry 94

### S

Salada de cebola-roxa assada, nozes
    e queijo de cabra 15
Salada de rúcula, amêndoas, cenoura
    e queijo roquefort 21
Salada quente grelhada 22
Sanduíches de pepino, milho e ovos 28
Sanduíche quente de salmão defumado 56
*Smash* de frutas vermelhas com
    manjericão 186
Sour Cherry Fizz 190
Sparkler de hortelã, limão e gengibre 185

### T

*Tarte* de peras e mel 152
Tomates gratinados recheados com
    bacalhau 54
Torta de alho-poró 24
Torta de couve-flor 80

Este livro foi publicado em Junho de 2021 pela Editora Nacional.
Impressão e acabamento por Gráfica Impress.